江戸の大普請

徳川都市計画の詩学

タイモン・スクリーチ
森下正昭 訳

講談社学術文庫

まえがき　江戸の再発見

本書は、すでに多くの研究が蓄積されている「江戸学」という研究分野のさらなる発展に貢献することをめざして書かれた。江戸の町に関しては、これまでさまざまな学術書や一般書が執筆されている。それらの仕事は、江戸が、わずか百年の間に、崩壊寸前の城を抱えた小漁村から、日本列島随一の権力の中枢、さらには世界でも有数の大都市に変貌していった過程を探究している。

これほど多くの研究書が出版されたあとで、はたして他に何か書くべきことが残されているのだろうかと疑問に思う読者も多いことだろう。しかし筆者は、大胆にもまだ残されていると確信し、本書の執筆にあたったのである。

江戸学とは、江戸時代全般を研究する学問という漠然としたものではなく、特に江戸の町を研究対象とするものである。したがって、この学問は必然的に何らかの形で都市計画の問題と関係している。江戸学は、その中でさらにさまざまな分野に細分されているが、次の三つの大きな流れが認められると筆者は考える。まずは、町の実用性の研究で、土地の埋め立て、物資の供給、廃棄物の処理などの問題を扱う。二つ目は都市文化に着目し、人々の日常生活を題材にした大衆文学や浮世絵などを利用して、特に町人の視点にこだわって長屋生活や盛場などを考察する。そして、三つ目としては、現在の東京の町を歩いて回り、古い場所の名前や有名な場所に目を付け、それらに関係する物語を再発見し、下町や山手に残る名所旧跡に地方史的な意味づけをしていく作業がある。

これら三つの流れは、それぞれ、技術的研究グループ、大衆主義グループ、そして物語グループと呼ぶことができるだろう。すなわち、ある者は江戸のインフラに関心をもち、ある者は日常生活を研究し、ある者は今や数少ない江戸の名残に着目して物語や記憶を掘り起こしているのだ。

もちろん、他にもさまざまな傾向が見られ、たとえば、近年人気の陰陽道を利用した研究では、呪術や風水といった観点から江戸の町の構造を探っている。いずれの研究の場合でも、無視できない要素が一つある。江戸城の存在である。そしてそれが象徴する、現在「幕藩国家」と呼ばれる組織である。

本書は、上記すべての江戸学の流れに大きく負っているわけだが、新機軸を打ち出そうという努力も怠ってはいない。筆者はこの新機軸を「都市計画の詩学」と名づけたい。実在した場所としての江戸の名残は、近代都市東京の下に潜んでいる。江戸時代の出版物（書物や浮世絵）や、当時から現在まで生き続けている江戸の伝統工芸や芸術からは、当時の生活の様子をうかがうことができる。浅草や日本橋、増上寺といった馴染みの名前がついた場所を訪れるとき、誰もが遠い昔に思いを馳せることだろう。古い町並みを散策しながら、寺院のある場所を探し当て、それらの寺院が江戸の町や城をいかにして鎮護したのかをあれこれ考えてみるのも、また楽しみである。

しかし、本書の意図するところはそのような思いとは無関係とは言わないまでも趣を異にしている。筆者の目的は、江戸が実際にどのように機能していたのかを、当時の江戸の人々の思考や記憶の中に再発見しようというものなのである。ある意味で思想史的な試みと言えないこともないが、その言い方には語弊がある。なぜならば、ここで筆者が注目するのは高度な哲学思想や宗教的信仰ではなく、むしろ無意識的・潜在的な理解というべきものだからである。もちろん、地上に実在する場所を研究対象とし、図解書としての性質から江戸時代の書画も大いに利用し、さまざまな物語も語っていくつもりである。

しかし、それらの作業は、決して懐古趣味的なものではないし、我々現代人の感覚で特定の場所や物に対して覚える感動が、そのまま江戸時代の人々にも当てはまるだろうという幻想を抱くものでもない。江戸時代はすでに過去のものなのである。したがって、その時代を研究によって回復することは可能だが、単なる感傷からその作業を行っていいということではないのだ。

江戸には間違いなく特徴的な文化があった。当時の人々にもそのような認識はあったようだ。老中首座として寛政の改革にあたった松平定信《さだのぶ》は、江戸の文化的特徴の鍵は火事であると述べている。火事の多い江戸では、身の回りのものをすべて箪笥《たんす》に詰め込み、瞬時に逃げなければならなかったので、人々の物質に対する執着は特殊なものだったというのである。江戸っ子たちは、重くてかさばる物よりも、軽くて小さな物を好んだ。なぜならば、大きい物や重い物はすぐに失われてしまうということがわかっていたからである。確かに火事は「江戸の華」だった。江戸のアイデンティティの重要な一部を占めていた。それにもかかわらず、江戸時代を通じて火消しの技術がほとんど進歩しなかったことはひじょうに興味深い。

当時江戸を訪れたヨーロッパ人たちは、この事実への驚きをあらわにしている。オランダ東インド会社は、一六五七年、将軍にヨーロッパ製の消防車を一台献上した。そして早速その年に有名な振袖火事(明暦の大火)に見舞われた。オランダ東インド会社一行は、そのときはまだ江戸に逗留しており、幕府の御家人たちが、寄贈されたばかりの消防車が燃えるのを防ぐためといって、こともあろうに池の中へ投げ入れてしまったと記録している。消防車の使い方は教えられていたはずなのに、実際には一度も使われなかったのである。ヨーロッパ人たちもこれには頭を抱えてしまった。まるで、いたずらに延焼を防ぐよりも、江戸は儚《はかな》く消えていってしまう方が望ましいと考えていたかのようである。

文学のジャンルに「三都比《さんとくら》べ」というものがある。江戸、大坂(現在の大阪)と京(江戸時代には京都と呼ばれることはほとんどなく、もっぱら京《きょう》または京師《けいし》と呼ばれていた)の三大都市を題材にして書かれたものである。その中で繰り返され一般に広まった見方によれば、江戸は新しく軽薄ということだった。この見方はたとえば移ろいやすい江戸の流行からも理解できるが、この町には将軍のお膝元というお堅い面もあったことを忘れてはならない。

三都比べにおいて、大坂は、その文化というよりは商いの盛んなことで特徴づけられていた。武士階級の存在感がひじょうに薄かったこともあって享楽的な町でもあったわけだが、大坂は文化的な流行を生み出すことはなかったというのである。

一方の京は、古い建物と石塀の町で、その長い歴史によって特徴づけられた。江戸中期に京を訪れた幕臣・木室卯雲《きむろぼううん》は、四条河原を歩きながら、風に揺れる提灯の灯りに照らし出される数々の古い寺院や、河原で行われているさまざまな伝統的な活動を驚愕の目で眺めた。もしこれが江戸だったら、火事ではないかと慌ててしまうだろうと記している。

当時流布したこのような江戸の様子はひじょうに興味深い。それは階級の境界を超越している。確かに身分制度は江戸時代の生活の中で重要なものだったに違いないが、それを超えて共有されたものもあったということだ。そしてその共有されていた、通常は意識されていなかった世界観こそが、本書の詩学、そして史学の対象となるのである。

江戸での生活における、ある重要な特色をここで述べておきたい。それは城の存在である。前述のように、このことは筆者の江戸解釈の根本をなすものである。ある男が、十九世紀初め、京から江戸へとやって来た。その男の師であり、後に再び本書に登場する司馬江漢《しばこうかん》の言によれば、京の男は江戸市中における武士と武器の多さに驚いて、まるで戦国時代にいるようだと言ったという。江漢はこの言葉をひじょうに面白く思い、男を「きょうじん（狂人／京人）」とあだ名した。

確かに将軍がその町にいるというのは特別なことだった。このことについては、筆者は本書で「不在の図像学」として論じている。江戸市中において、将軍関係の施設は大きな割合を占めていたのだが、その存在感は意外にも希薄なこともしばしばだった。将軍家には図像学的抑制とでも呼ばれるべきものが顕著に見られた。そしてそのような状態であることが好まれたのである。

このよい例は、江戸城の天守閣が焼け落ちた一六五七年にさかのぼる。その後天守閣は再建されなかったのである。幕府が困窮していたとか、太平の世にあって必要としなかったともいわれるが、筆者が思うに、これは図像学上不要だったからではなかろうか。戦国時代には高くそびえる天守閣が必要不可欠だった。しかし、これは城主が人民を見下ろすことを可能にすると同時に、人民が城主を下から見上げることも可能にしてしまった。

しかし、古来東アジア全域で統治者は見られるということを嫌ったのである。これはヨーロッパとはまったく逆だった。ヨーロッパでは、古代ローマから、統治者はあらゆる物に自分の肖像を刻印することに心を砕き、自らの肖像画や彫像を要所要所に配置した。これに対して、徳川幕府は、自らの姿を隠したのである。

本書の探究は、まず幕藩国家の中心である日本橋から出発する。

この橋は、城、さらには富士山への眺望が得られるよう建設された。しかし、一六五七年以降、それは城の主要部分である天守閣の不在を認識する眺めとなってしまった。富士も雲や霧に隠れていることが多く、日本橋の二つの重要な景色はいずれも、そもそもその景色のために橋が架けられたにもかかわらず、見ることができなかったわけである。ヨーロッパの政権がそのような場を作ることはまったく想像しがたい。天守閣が失われる前でさえ、町で目に見える存在としての城が権力の象徴として利用されることは、日本橋をのぞけば皆無に等しかった。象徴的には、むしろ霞ヶ関の方が重要だったといえるかもしれない。なぜならば、その名は、遮断するという概念を彷彿《ほうふつ》させたからである。「霞」が江戸湾から流れ込み、統治の組織を隠しているかのように。

第二章では、一六〇三年以降幕府の首都となった新京・江戸が、実際的な問題として自らをいかに創造し定義づけたかを検証する。日本全国に素晴らしい城下町が遍在していたが、江戸はこれらの町とは別格でなければならなかった。京の水準には肩を並べることも、いわんやそれを超えることも不可能だった。そこで、京の権威を借りつつも、江戸独自のアイデンティティを形成したのである。こうして、京の地名や建築様式が江戸に取り入れられたわけだが、この新京がもっとも必要としたのは霊気《アウラ》だった。

第三章は陰陽道の問題に移る。幕府がいかにして聖地の目に見えない網の目を市内外に張り巡らせ、町と城を守ろうとしたかを考察する。江戸には、古代の寺（浅草寺）と中世の寺（増上寺）が一宇ずつあったが、いずれも江戸の呪術的な都市計画の中に組み込まれていった。新しい寺院も建設され、北東の鬼門と南西の裏鬼門の守りを固めた。

第四章では、かつて江戸学ではまったく論じられなかった、江戸のプライドに関わる問題を取り上げる。江戸は武蔵の国に属しており、武蔵野の台地の上に位置する。ひじょうに重要な和歌の伝統において、武蔵野は野蛮で開墾されていない田舎の象徴とされてきた。このことは、新幕府にとって決して都合のいいものではなかった。

そこで幕府はイメージ・チェンジを画策したのである。二つの要素がその目論見に役立った。一つは富士山で、この日本の最高峰は文化の中心地たる畿内からは見ることができなかった。もう一つは、有名な古典『伊勢物語』の中に、主人公が隅田川へやって来る段が含まれていたことである。富士という名所（などころ／めいしょ）と、『伊勢物語』の東下《あずまくだ》りの段を通して、江戸はその文学的価値を安定させることができたのである。

最後に、江戸に関する本を執筆するならば、吉原にまったく触れないというわけにはいかないだろう。そこで第五章でそれを実行したい。しかし、これまでに発表された書物の上書きをするのではなく、吉原への道行きという独自の視点から検討してみたい。これによって、筆者が都市計画の詩学と呼んでいるものが一層明確になるだろう。

江戸の中心部から吉原までは、今日でも船や徒歩での往来が可能である。当時の書画や書物でも頻繁に取り上げられており、その道すがらのさまざまな地名は、多種多様な記憶や物語を呼び起こす。本章ではその道行きを辿るわけだが、懐古趣味に浸ったり、詳細な情報を得たりするための旅ではない。当時の道行きがどのようなものだったか、どのような感じだったのかを再現したいと思っている。当時多くの人々にとって江戸でもっとも享楽的な場所であったはずの吉原に向かう男たちが、どんなことを意識的に考え、また無意識のうちに憶測していたのかを探るのは、ひじょうに興味深いことである。

地図作成　深澤晃平

目次

江戸の大普請

徳川都市計画の詩学

第一章　日本橋、道の始まり

一六〇三年、徳川家康《いえやす》によって江戸幕府が開かれた。室町幕府の崩壊から三十年、足利氏が幕府の実権を失ってからはほぼ一世紀が経過しており、まさに記念さるべき鴻業《こうぎょう》であった。

もちろん関西では、豊臣家が依然として勢力を保っていた。豊臣家の建築狂いがもたらした数々の壮麗な建造物はつとに有名だった。瓦にまで金箔を貼ったといわれる華麗豪奢な京の邸宅・聚楽第《じゅらくだい》（三千歩四方。現在の京都市上京区）、日本史上最大規模で一般に「京大仏」として有名な方広寺《ほうこうじ》（大仏殿は幅八十八メートル、高さ四十九メートル。大仏の高さは奈良のそれを四メートル凌ぐ十九メートルであった。現存せず）、また京にはじめて巡らされた城壁である御土居《おどい》（幅十メートル、高さ三メートル、全長二十キロメートル）など、秀《ひで》吉《よし》は大がかりな建造物を次々と築いた。一五九八年に秀吉が没し、息子の秀頼《ひでより》が六歳という幼さで跡を継いだあとも、諸大名の助力を得て、さまざまな建設事業が続けられた。

徳川家は、豊臣家の数々の「記念碑」に、様式、威厳、いずれにおいても匹敵するものを造ることを決意していた。また、徳川家の拠点となる町・江戸が幕府の中心であることを、全国津々浦々にまで知らしめる必要があった。荒涼たる遠方の「あずま」の国にある卑小な要塞に過ぎないという偏見を、それによって一掃しようと目論んだのである。

江戸は十二世紀に江戸氏が居館を構えて以後、太田道灌《どうかん》と北条氏の手によってそれなりの発展を遂げてはいた。けれども実際は、すでに城下町として発展していた小田原や家康自身の出身地である三河と比べてみても、関東平野の河口部にあたる低湿地に築かれた江戸は、中世以来の城館と港があるほかは、いまだ漁村の風情を残していた。

家康は秀吉の命により一五九〇年に江戸に入って以降、上方《かみがた》で行われる秀吉の度重なる普請に駆り出される合間をぬって、この新天地のインフラ整備を急ピッチで行ってきた。道三《どうさん》堀《ぼり》をはじめとする水路網の開削と排水工事、港湾機能を強化するための海岸河岸の整備、江戸入りする大勢の家臣団のための居住地の造成などが進められ、みすぼらしかった城郭も城下町のそれにふさわしいものに再建された。

しかしながら、かろうじて城下町としての機能を果たすようになったとはいえ、一六〇三年当時の江戸は、大部分は依然として湿地帯のままで、征夷大将軍の城下町としての体裁は成していなかったのである。

いまだ将軍のお膝元としては見栄《みば》えのせぬ江戸にあって、大規模な建物の建設事業は、民衆の目に触れやすい形で幕府の意図を強烈に印象づけるものとしてきわめて重要だった。記念碑的な建築物は、徳川幕府の未来の展望を、全国の諸大名や庶民に対して明確に示すものだったのである。

橋の建設

徳川家がその記念碑として一本の橋を選んだのは、あるいは奇妙に思われるかもしれない。江戸の東を流れる大川《おおかわ》（現在の隅田川下流部）は、都市の境界線をかたちづくっていたが、この新しい橋は江戸とその郊外を結ぶために大川に建設されたものではなかった。「ニホンバシ」と命名されたその橋は、再建された城と整備途上の港を結ぶ大水路に架けられたものである。当時その水路には特別な名前がなかったが、人々は「ニホンバシガワ」と呼び習わすようになった（しかし、「日本橋川」が正式名称となったのは明治に入ってからである）。

それは、将軍のお膝元としての江戸に建設された、最初の固定橋だった。全長五十メートル弱のその橋は、壮大であったばかりではなく、見た目にも美しいものだった。長さや美しさ以上に特筆すべきなのは、その橋幅である。その並外れた広さは、幾重もの人々の往来を可能にした。そしてこのことが「ニホンバシ」という名前の所以《ゆえん》であると思われる。事実関係は定かではないが、「ニホン橋」は「ニホン堤《づつみ》」（第五章参照）という言葉と関連していると考えられる。「ニホン堤」とは、もともとは「二本堤」と書かれ、通常のものより広く二

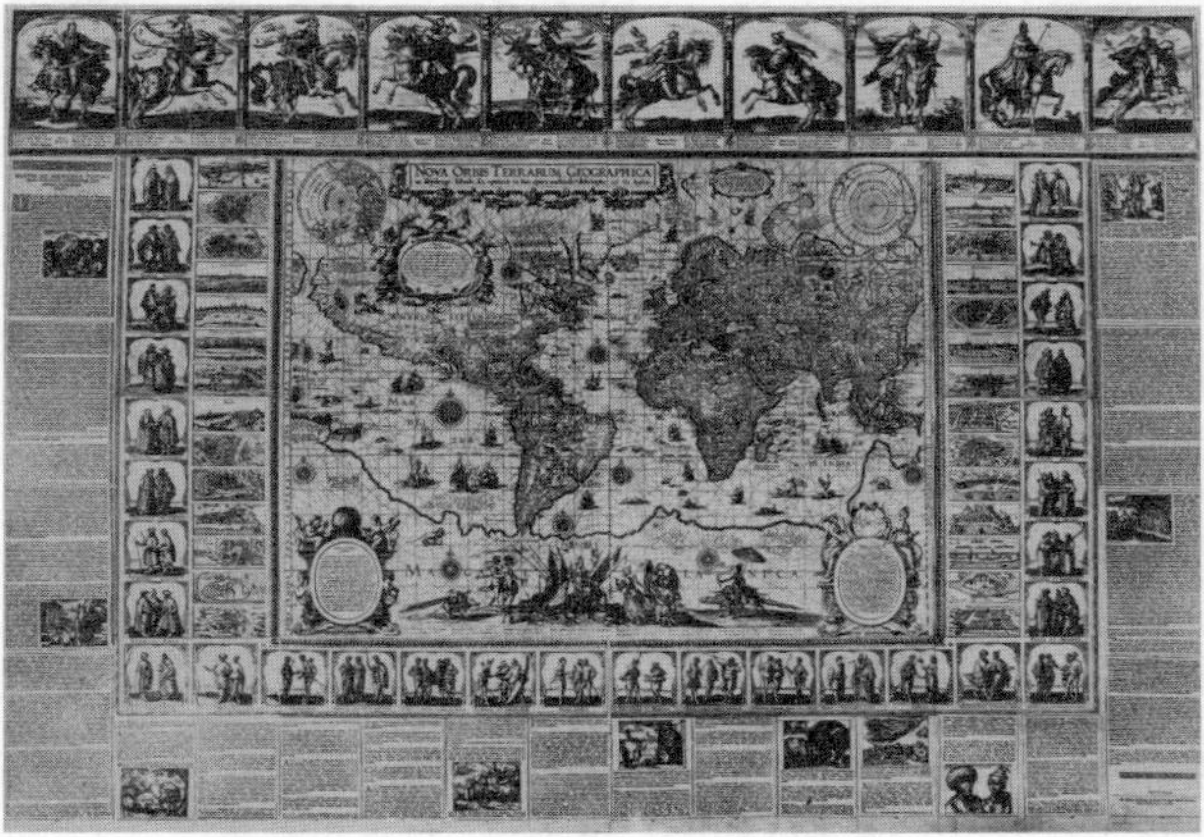

図1　ウィレム・ブラウ『世界図』(1606-07)。

図２　画家不明『二十八都市万国図屏風』八曲一双、右隻（江戸初期）。宮内庁蔵。

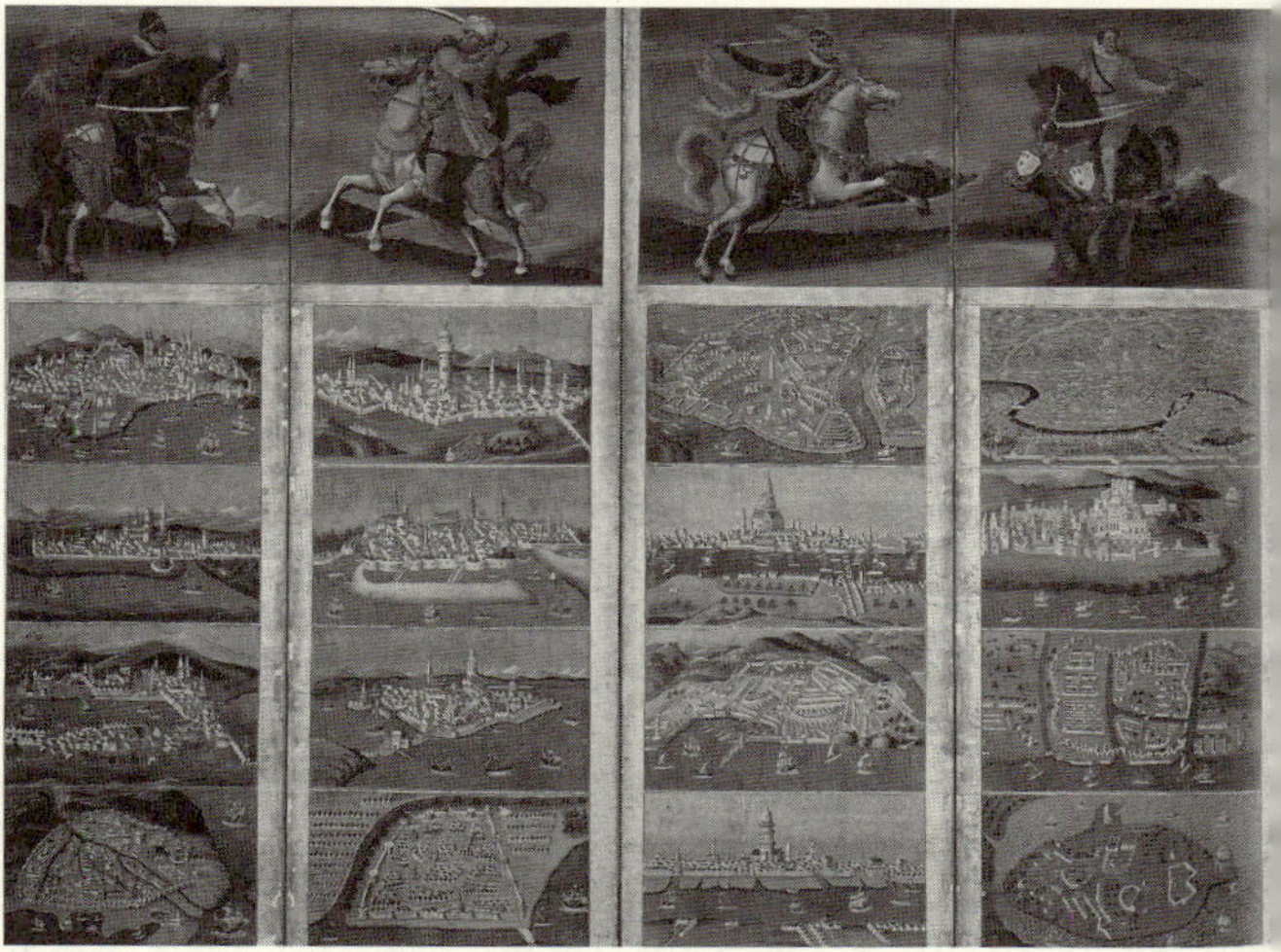

図３　同上、部分図（ロンドン）。

車線ある堤を意味したが、後に「日本堤」に変化した。したがって、「ニホン橋」も、もともと「二本橋」だったものが「日本橋」になったと考えられる。さらに、「日本橋」という名前には、江戸を天下の中心に据えようという意図が働いている。「日本橋」という表記は、一六五七年の明暦の大火（振袖火事）の後、一六五九年に橋が再建されてから徐々に普及していった。幕府は日本橋を町の中心と宣言、全国各地との距離を測定する基点とし、この慣例は今日に続いている。まさに「日本の臍《へそ》」なのである。

このようにして徳川家の江戸開府を言祝《ことほ》ぐというアイデアには、少々注釈が必要であろう。もちろん町の中心を公的に定め計画する例は枚挙にいとまがない。ヨーロッパ各地の町には、必ず中心となる広場があり、その周辺には宮殿や教会、大使館や政府の公官庁が建ち並んでいる。このような広場には、ふつう国家の歴史、美徳や秩序を記念する象徴的な名前が付けられている。たとえば、パリのコンコルド（フランス語で「調和」の意）広場やロンドンのトラファルガー（大英帝国を存亡の危機から救った海戦の名前）広場などがある。

一六〇六～〇七年にオランダ人ウィレム・ブラウが製作した有名な世界地図（図1）が輸入されていたため、十七世紀初頭のヨーロッパの都市の様子は江戸時代の日本でもある程度知られていた。その地図は江戸初期の『二十八都市万国図屏風』（図2）の基礎ともなった。江戸の人々は、フランクフルトやロンドンなどのヨーロッパの都市には壮大な橋が架けられていて、ロンドン橋が中世世界の不思議の一つに数えられていたことを知っていたのである。ロンドン橋は『二十八都市万国図屏風』に、あまり正確にとはいえないが描かれている（少なくとも橋やセント・ポール大聖堂、ロンドン塔はよくわかる）（図3）。ロンドン橋を正確に描写した絵は、一六一五年には江戸に入っていたことがわかっている。

さらに、秀吉の御土居がヨーロッパの都市計画と関連していたことは、特筆に値するだろう。中国には古くから城壁を巡らす例があったが、日本においてはそれまで一例しかなかった。それは羅城《らじょう》（「羅生門」はこれに由来する）と呼ばれたもので、唐の都長安《ちょうあん》の城壁を模して、八世紀末の平安京に建設された。秀吉は、京の著名な史家で歌人でもあった細川幽斎《ゆうさい》から、この羅城について教えを受けている。しかし、ブラウや他の輸入書籍に描かれたヨーロッパの城壁のほうが、時代的には御土居に近い。豊臣家がヨーロッパをモデルにしたとすれば、徳川家もそれを利用した可能性は高い。

このように遠い異国の文化から発想を得て、目新しいものを考案・創出し、新しい町のためにこれまでにない記念碑を建設することは、新幕府にとって有意義なことであったに違いない。

詩歌における橋と文化

このように、日本橋建設の背景には、外国からの影響もあったと推察される。しかし、東洋、特に日本特有の文化や概念の影響も無視することはできない。そもそも山がちな日本の国土では、雪解けのあとは川の流れが激しくなるので、橋の数はそれほど多くはなかった。それでも橋がまったくなかったわけではなく、そのいくつかは歴史的・文化的にも重要な役割を果たしてきた。もっとも有名な例を二つあげれば「佐野の舟橋」と「宇治橋」であろう。

「佐野の舟橋」は現在の群馬県高崎市、烏川《からすがわ》に架けられたもので、「東路《あずまじ》の佐野」として知られ、歌枕となり和歌に詠まれてきた（歌枕については第四章で詳しく述べる）。舟橋とは川の流れの中に何艘もの舟を並べ、その上に板を渡したもので（図4）、和歌においては、その不安定さが恋のはかなさの象徴ともなり、また、「かける（橋をかける／心をかける）」がしばしば懸詞《かけことば》として用いられた。もっとも有名なのは、『後撰集』（九五一頃）に収められた源 等《みなもとのひとし》の一首。本阿弥光悦《ほんあみこうえつ》の作に、この歌の文句をちりばめた蒔絵硯箱《まきえすずりばこ》の傑作がある（図5）。

東路の佐野の舟橋かけてのみ　思ひ渡るを知る人のなさ

もう一つ、有名な歌枕に「佐野の渡り」があるが、これは「佐野の舟橋」とはまったく別の場所である。現在の和歌山県新宮市、紀ノ川にあった渡し場で、この場所を有名にしたの

図４　葛飾北斎『諸国名橋奇覧 かうつけ佐野ふなはしの古づ』（1850頃）。

図５　本阿弥光悦「舟橋蒔絵硯箱」（江戸初期）。
東京国立博物館蔵。

は、一二〇五年に藤原定家《ていか》らが編纂した『新古今和歌集』所収の定家自身による和歌である。

駒とめて袖打はらふかげもなし　佐野のわたりの雪の夕暮

「佐野の舟橋」と「佐野の渡り」、二つの佐野が連想させるのは冬で、ときにこの二つの場所は混同された。十九世紀初め、鈴木其一《きいつ》の絵巻『四季歌意図巻』（図6）では両者が混ぜ合わされ、馬に乗った定家が、吹きつける雪に袖をかざしながら、「渡り」ならぬ「舟橋」へと向かう姿が描かれている。其一の師で江戸琳派の創始者・酒井抱一《ほういつ》も、『佐野渡図屏風』で、雪の中を騎行する定家を描いたが、「渡り」そのものは画中には登場しない（図7）。

日本三古橋の一つに数えられ、橋姫伝説でも有名な「宇治橋」（現在の京都府宇治市）も歌枕である。こちらは「佐野の舟橋」よりもよく知られているだろう。この橋は京の町の出入りを管理するもので、それを巡る争いも絶えなかった。源平の合戦の折、平家の侵入を防ぐため源氏がその橋床を取り払ったという話は、特に有名である。この話は『平家物語』と『源平盛衰記』の両方に収められている。その他にも、戦《いくさ》とこの橋に関する話は多い。歌枕の例にもれず、宇治橋も、単なる出来事にとどまらず特定の感情とも結びついている。この橋の場合は、無常感である。平安時代、宇治は貴族の夏の別荘地で、家族や恋人のいる京を離れて、この地に取り残された女性たちの悲哀を綴った物語や和歌が数多く残されている。なかでも有名なのは再び定家の作である。

さむしろや　待つ夜の秋の風ふけて　月をかたしくうぢのはしひめ

これには本歌取《ほんかど》りという手法が使われており、九〇五年に編纂された『古今集』所収の詠み人知らずの歌が元になっている。

さむしろに衣かたしき　こよひもや　我を待つらむ宇治の橋姫

紫式部が『源氏物語』の中で「浮舟」の悲劇を語るのに宇治を舞台に選んだのは、これら二首の和歌が詠まれた時代に挟まれた十一世紀初頭だった。宇治橋を描いた絵も数多く描かれているが、これもまた江戸時代以前にさかのぼるものは残っていない（図8）。現存の絵の多くには、輪廻《りんね》を象徴するかのような水車が描かれ、風になびく枝がおどろに髪を振り乱した物狂いの女にも似た柳があり、空には半月、川面にはしばしば炭を運搬する小舟が何艘か浮かび、土地で育った馬が数頭放たれている。季節は、無常感の演出にふさわしく、秋が選ばれることが多い。

図６　鈴木其一『四季歌意図巻』（1840頃）より「佐野の渡り」図。右端に「舟橋」が見える。（『琳派』第４巻、紫紅社、1991）

図7　酒井抱一『佐野渡図屏風』(1820頃)。米プライス・コレクション。(『琳派』第四巻、紫紅社、1991)

図8　画家不明『宇治橋図屏風（柳橋水車図屏風)』(江戸初期)。(『日本屏風絵集成』第9巻、講談社、1980)

このように、佐野の舟橋と宇治橋の例は、歴史的な場所として、文化的メッセージを発する場所としての「橋」の力を、我々に見せてくれるのである。

仏教における橋と文化

橋にはその場所固有の意味とは別に、一般的な意味があることも忘れてはならない。たとえば、橋の建設は、仏教思想においては功徳《くどく》の行為である。古代中国では、信仰のしるしとして僧たちが橋を築いた。橋は、人や動物が川に流されて死ぬことから救ったからである。日本においても事情は同じで、前述の宇治橋は、六四六年に元興寺《がんごうじ》の僧・道登《どうとう》が架けたもので、橋のたもとには彼の功徳を刻んだ石碑があった。現存するこの石碑の一部は、宇治橋断碑《うじばしだんぴ》と呼ばれ、日本最古の刻石文として国の重要文化財に指定されている。

八百八橋と言われるように、橋の町として知られていたのは大坂だが、日本でもっとも橋の数が多い町は、おそらく長崎であろう。一六五四年に明《みん》から亡命してきた禅僧、後に黄檗《おうばく》宗《しゅう》の開祖となる隠元《いんげん》がこの町にはじめて橋を架けて以来、次々と橋が築かれた（図9）。まもなく数多《あまた》の石橋が町の中心を流れる中島川に架けられたが、その大半は隠元のように明朝滅亡にともない中国から逃れてきた僧たちの手になるものだった。彼ら異邦人は、長崎の人々や幕府に取り入る必要があり（長崎は幕府の直轄地で、大名は置かれなかった）、橋の

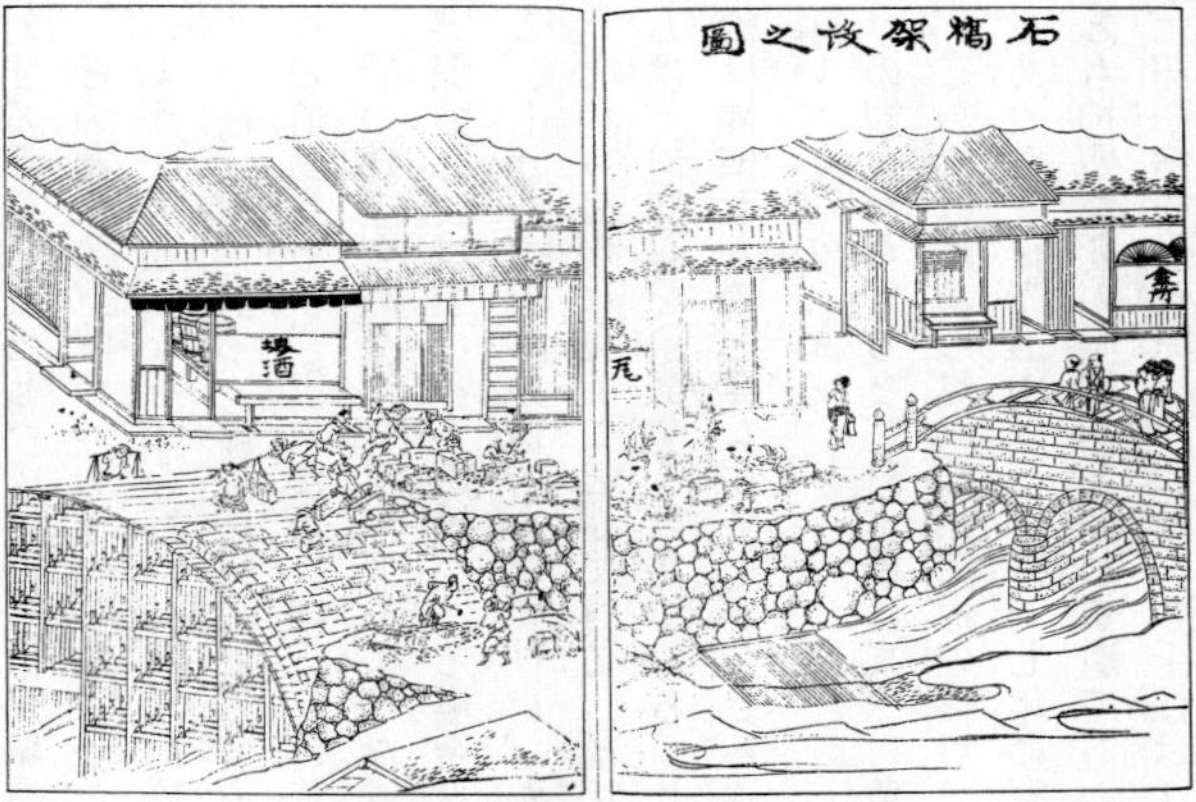

図９　打橋竹雲画、饒田喩義著『長崎名勝図絵』（1818）より。

建設を地元民に対する親愛の証《あかし》としたのである。長崎奉行はまた、オランダ商館にも橋の建設を依頼したが、その象徴的意味合いを理解しなかった商館側はこれを断った。

江戸にも、このような宗教的な意味をもつ有名な石橋が一つあった。目黒川に架かる太鼓橋である（現在この橋はもとあった場所にその名をとどめている）。この橋は、行人坂《ぎょうにんざか》と目黒不動を結ぶ巡礼の道筋にあり、伝説によれば、その昔、木喰《もくじき》上人が架けたといわれている（図10）。他にも、橋の建設をめぐっては、似たような歴史や伝説が全国各地に残っている。

長崎のように実際の必要以上に多くの橋がある場合もあるが、橋とは本来必要に応じて造られるものである。しかし、その象徴的な重要性は、たとえば仏教において「悟り」の喩《たと》えである「渡彼岸《とひがん》」という表現に見ることができる。橋のように、人々を安全に間違いなく彼岸へ渡らせることは、信仰心を象徴する行為である。したがって、その場所や性質にかかわらず、すべての橋は神聖なものと見なすことができる。渡彼岸によって、すべての橋は人々を死と再生へと導いているのである。

この「渡彼岸」の観点からすると、日本橋はまさに黄泉《よみ》の世界への入口だったと考えられる。というのも、この橋は京から見れば東海道の終点であり、一方で日光道中（または日光街道）の始点でもあった。日光道中は、一六一七年に家康が日光に埋葬されて以来、徳川幕府におけるもっとも神聖な死の場所へと通じる道であった。日光道中には日本橋から二十三次の宿場があり、第一宿の骨ヶ原（小塚原《こつかっぱら》）の千住《せんじゅ》は江戸の仕置場で、最後の宿場鉢石《はついし》を過

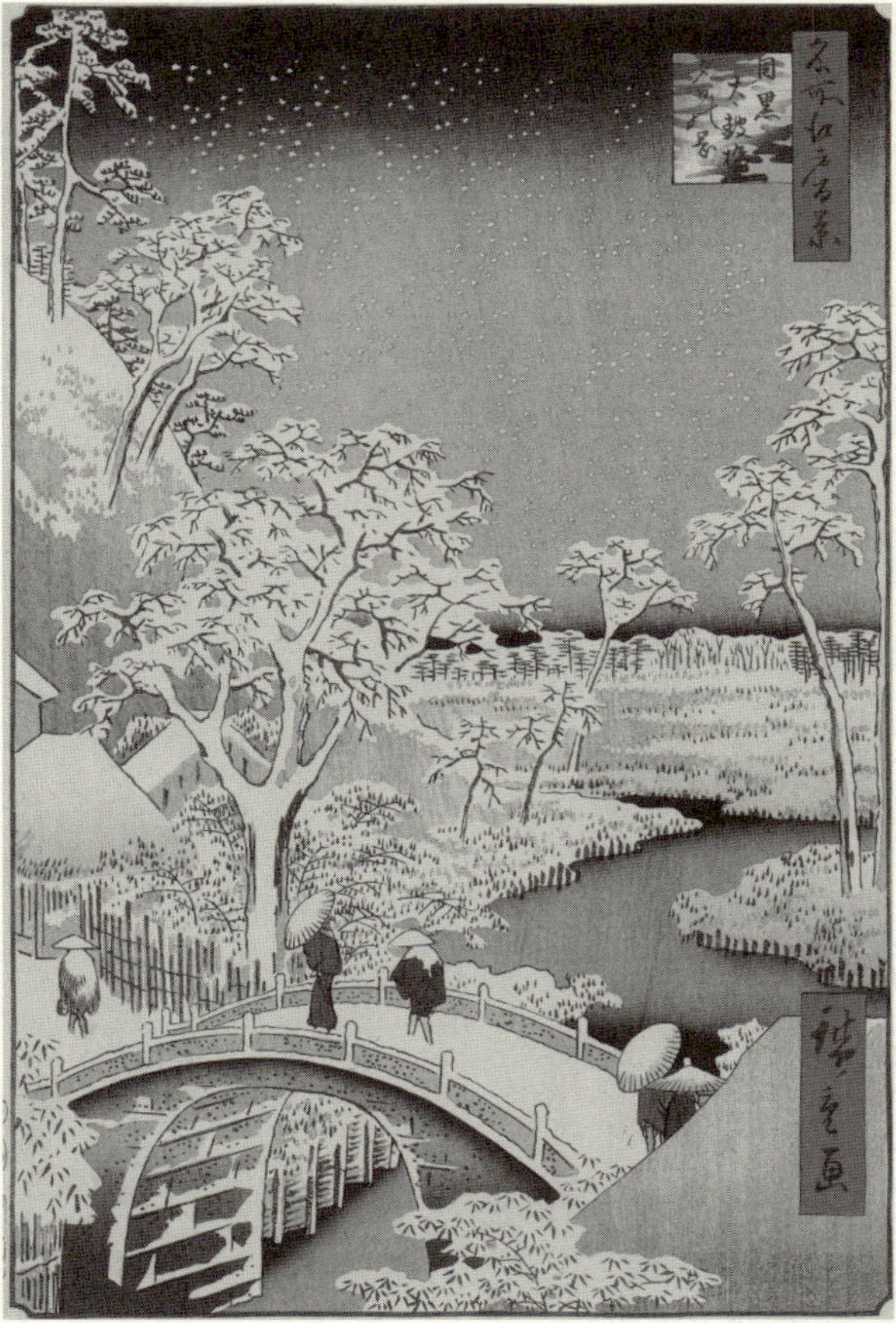

図10　歌川広重『名所江戸百景』より「目黒川太鼓橋夕日の岡」(1857)。

ぎると御神橋《ごしんきょう》があり、神聖なる日光へと続いていた。このように、日光道中は橋に始まり、橋に終わったのである。

東海道に目を移せば、最後の宿場は品川だったが、江戸の町を抜けて日本橋を渡った「彼岸」もまた品川町（現在の日本橋室町一丁目の南西部）と呼ばれていた。これによって江戸の空間が一挙に縮められる。二つの場所に同じ名前を付けることで、東海道を来た旅人がいわば前倒しで「彼岸」に到着することが可能となり、江戸の町が「悟り」の空間となったのである。日光道中と同様、東海道もまた橋に始まり橋に終わる。京の都では鴨川を渡る三条大橋がその終点であった。

日本橋の宗教的な意味合いについてさらに付け加えれば、東海道は日光道中よりも人の往来が激しく、周知のように五十三次の宿場が置かれていたが、この五十三という数字が特別な意味をもつのである。それは善財童子《ぜんざいどうじ》が悟りを開くために歴訪した場所の数と一致する。この説話は、日本仏教の経典の中でももっとも広く読まれた『華厳経《けごんきょう》』の最後にして最長の書「入法界品《にゅうほっかいぼん》」に著されており、古くから万人に親しまれていた。善財童子は智慧の菩薩と呼ばれる文殊《もんじゅ》菩薩によって遣わされ、何人もの善知識から教えを受けるための旅に出た。はじめの五十人の善知識によっては悟りを開くことがかなわず、五十一人目の弥勒《みろく》菩薩によって文殊菩薩のもとへ戻された結果、文殊菩薩が五十二人目の善知識となった。文殊菩薩は善財童子を五十三人目の普賢《ふげん》菩薩のもとへ遣わした。普賢菩薩は大日如来《だいにちにょらい》で、善財童子に真実の智慧を体得させ、壮麗な邸宅が建ち並び無限の美が存在する宇宙を顕示した。五十三人の善知識と東海道五十三次。江戸は、人が求道《ぐどう》を開始するときの心境を象徴していた。つまり、知らないことが多く、これから未知のものを探究していこうという状態である。このことは、まだ京の都に比べて開発は遅れているが将来の可能性に夢が膨らむ、当時の新都市としての江戸のイメージにかなっている。また、善知識歴訪の旅と江戸から京へ向かう東海道の旅を重ね合わせてみると、旅人は五十次目の水口《みなくち》までは悟りを開くことはできない。石部《いしべ》に至って弥勒に出会い、草津で文殊、大津で普賢、そして宇宙としての京へ到着する。こうして江戸は、京の優位を認めているのである。

実際の場所としての日本橋

このように、日本橋にはさまざまな意味があった。しかし、それが実際に存在した場所であることを忘れてはならない。絵の中には大勢の人々で混雑する様子が描かれているが、それらの人々の大半は、日本橋の哲学的な意味など考えてもみなかったであろう。

日本橋を描いた絵でもっとも古いものは、一六二〇年頃の作品『江戸名所図屛風』(出光美術館蔵)である(図11)。八曲一双、初期の江戸の町の賑わいをいきいきと描いたこの屛風を見ると、橋のたもとには両替商が立ち並び、いかに日本全国から人々が集まっていたかを如実に示している。次に古い作品が、一六五〇年代後期の『江戸図屛風』（国立歴史民俗博物館蔵）である（図12）。両替商は姿を消してしまったが、橋の往来は相変わらず激しく、あらゆる階層の人々の姿を見ることができる。この橋は、さまざまな種類の人々が行き交う場所だったのだ。

日本橋は中央が高くなったアーチ型の橋で、その中央部は地域でもっとも高く見晴らしのよい場所でもあった。道が碁盤の目のように張り巡らされた北京や京の計画的な町並みとは異なり、江戸は行き当たりばったりに発展したために、遠くまで見通しの利く場所がきわめて少なかった。多くの城下町と同様、江戸の道はそれぞれまっすぐで短く、それがまた別のまっすぐで短い道とさまざまな角度で交差して、一種のパッチワークを形成していた。これによって外部から侵入した敵は町中で道に迷うことになる。そのなかにあって、日本橋から日本橋川を見下ろす眺めは計画的なもので、したがってきわめて例外的なものだった。その眺めは、権力と規律を目に見えるかたちで示すよう、細心の注意を払って計画されていた。すなわち、橋の上からは城を一望することができたが、その方角にあるのは道ではなく水路なので、城に近づくことはできない。視線は日本橋川に沿って御堀を横切り、道三堀を進み、さらに江戸城の正門である大手門へまっすぐ向かっている（地図Ⅰ）。

後に、日本橋川が御堀に入るところに一石橋《いちこくばし》が、道三堀には銭瓶橋《ぜにがめばし》がそれぞれ架けられたが、当初の計画では、日本橋川から、全国の権力の中枢まで何の障害物もなく見通せるよう

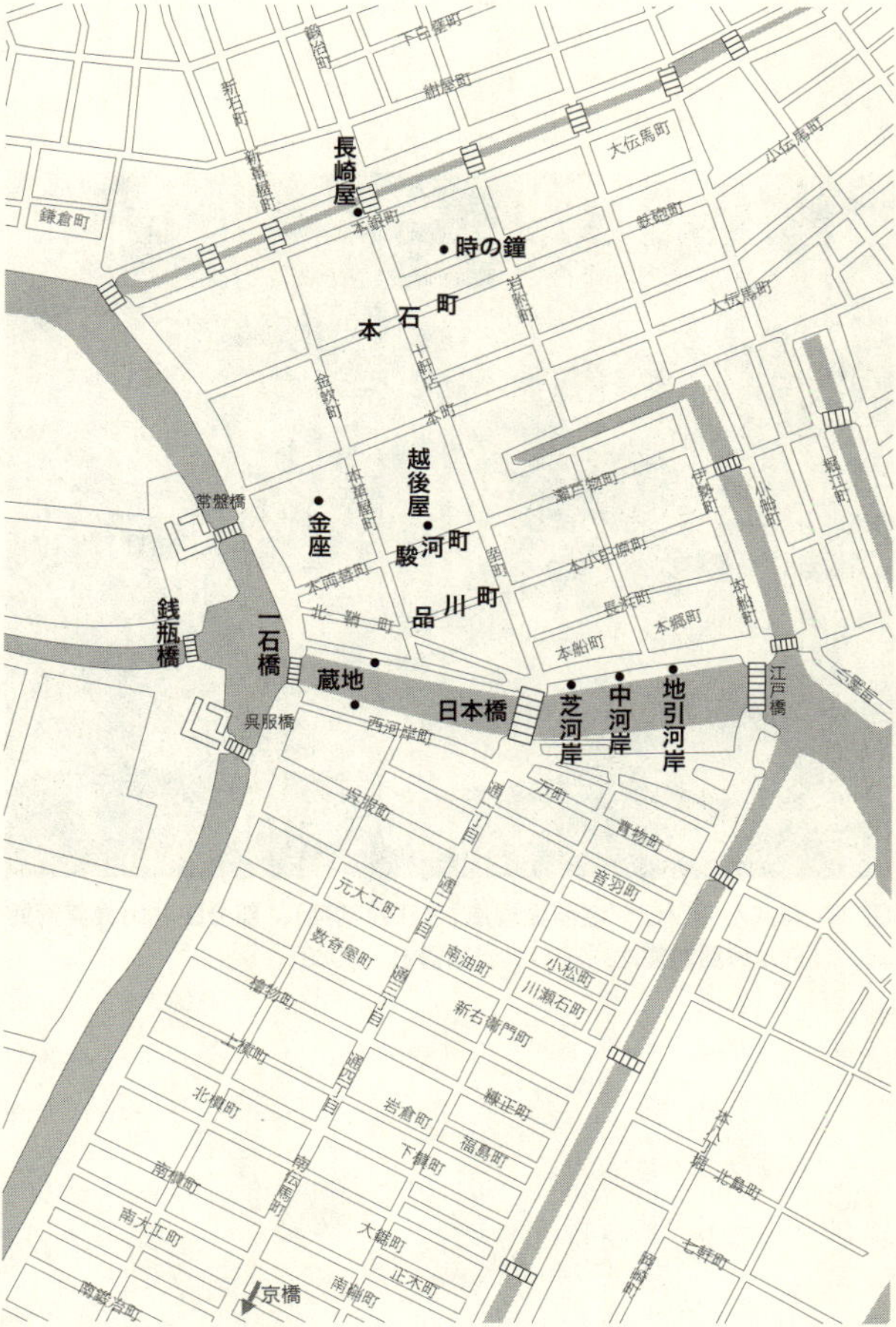
鍛冶町
下白壁町
紺屋町
新石町
新革屋町
長崎屋
鎌倉町
本銀町
大伝馬町
小伝馬町
時の鐘
鉄砲町
岩附町
本石町
大伝馬町
十軒店
金吹町
本町
越後屋
瀬戸物町
伊勢町
小船町
堀江町
常盤橋
金座
本革屋町
駿河町
室町
本小田原町
本両替町
銭瓶橋
一石橋
北鞘町
品川町
長浜町
本船町
蔵地
日本橋
芝河岸
中河岸
地引河岸
江戸橋
呉服橋
西河岸町
通一丁目
万町
呉服町
青物町
元大工町
音羽町
数寄屋町
南油町
小松町
川瀬石町
檜物町
新右衛門町
上槇町
通四丁目
北槇町
岩倉町
福島町
下槇町
南伝馬町
南槇町
北島町
南大工町
大鋸町
七軒町
正木町
南鍋町
京橋

地図Ⅰ　日本橋周辺

図11　画家不明『江戸名所図屛風』（江戸初期）、部分図。出光美術館蔵。（『日本屛風絵集成』第11巻、講談社、1980）

図12　画家不明『江戸図屛風』(1650年代後期)、部分図。国立歴史民俗博物館蔵。(『日本屛風絵集成』第11巻、講談社、1980)

になっていたのである。より正確を期すならば、一六〇三年当時、江戸城の権威にはいまだ異論の余地があった。一六一五年、大坂夏の陣により豊臣家が滅亡してはじめて、江戸城が誰もが認める権力の中枢となり、日本橋が江戸のみならず全日本の中心地となったわけである。

この日本橋川の眺望は真西の方角にあたり、昇る朝日が天守閣を燦然と金色に照らし出していた。おそらくはこのために、当時、多くの旅人が金色に輝く江戸城の様子を書き記し、ヨーロッパ人は将軍の城が本当に黄金でできていると勘違いしたのかもしれない。

日本橋川の両岸には蔵が建ち並び、日本全国、さらに世界中から、城の御用のため江戸に集積した数多《あまた》の物品が納められていた。それらの品々はすべてこの地を拠点に、注文にしたがって発送されたり、またはそのまま貯蔵されたりした。軒《のき》を並べた蔵は延々と御堀まで続き、その蓄えの豊富さを表していた。

この光景は、流通が寸断され物品の入手が困難となり、窮乏と飢餓に明け暮れた百余年にも及ぶ戦乱の時代を経てきた当時の人々にとっては、とりわけ素晴らしいものであったに違いない。人々は城へと連なるこの有り余る物資を目にし、同時に江戸のこの豊かさは、城が保障する安全の賜物であることを実感したのである。

この城は一般には「江戸城」と呼び習わされていたが、正式には千代田城という名前だった。徳川幕府が千代にわたり安泰で、水田潤い、人民に恒久の平和と日々の糧《かて》をもたらすことを願って名づけられたものである。特に、日本橋川と御堀の合流点に一石橋が建設されてから、建ち並ぶ蔵の先に「一石」（一人の人間が一年間生きていくのに必要な米の量）があるということで、この発想がより強められた。

　さらに、日本橋からの眺めには、もう一つの重要な要素があった。左手にそびえ立つ富士山である。町中でももっとも高い建物は江戸城の天守閣だったが、それよりも唯一高くそびえ立つのが富士山だった。富士山は江戸に幕府が開かれるずっと以前から日本の象徴であり、まさに「不二」の山、「不死」の山であった。しかも、京の都からは富士を見ることはできなかったため、富士の眺めは東国の価値を認めることにもなった。日本橋からの眺めには、政治的な畏敬と自然に対する畏敬の念が交錯し、響き合っていたのである。

　当時、多くの人々は、この素晴らしい眺めを堪能するため日本橋の上で足を止めた（図13）。先を急いで立ち止まらずに通り抜ける場合でも、馬上の者は鞍から腰を浮かせ、歩行者はつま先立ちになったり首を伸ばしたりした。松尾芭蕉《ばしょう》の門人、松倉嵐蘭《らんらん》は「富士ノ賦」（森川許六《きょろく》編『風俗文選』［一七〇六］に収録）の中で、日本橋を富士見の四名所の筆頭にあげている。

　不二は日本の蓬莱山《ほうらいさん》也……日本、両国の橋上には、馬上の人の首《こうべ》をめぐらし、赤坂、駿河台には、乗物の窓に眸《まなじり》をさく。

日本橋でのこのような人々の様子を描いた絵は、私の知る限りでは現存しないが、両国橋（一六五七年の明暦の大火の後に架けられた）の上で、乗物が高く掲げられている絵が残っている（図14）。

京は江戸の真西にあたるため、日本橋の上からは、まず蔵（豊穣）、そして城（平和）、さらには富士（不老不死）が見渡せ、その向こうには実際には見えないが京の都（太古）、そしてさらには至福の極楽浄土が続いていたのである。

日本橋からは、また別の光景を見ることもできた。それは城とは逆の方角にあったが、日本橋の図像学を語るうえでは欠くことのできないものである。その光景とは魚市場、もしくは魚河岸《うおがし》と呼ばれる場所である。これは芝河岸、中河岸、地引河岸の三つの区域に分かれていた。

当時、魚介類は日本のほとんどの地域で高級品扱いで、庶民の常食になるには至っていなかった。したがって、京の都でさえも消費量はそれほど多くなかったわけだが、江戸の町には魚介類が比較的豊富に流通していた。これは江戸の地勢と密接な関係があった。品川一帯の海は浅瀬が広がっていたが、平底舟ならば容易に岸に着けることができ、漁には最適の条件が揃っていた。

さらに、もともと湿地の排水のために発達した江戸の水路網は、海から市場へ、さらには

図13　鳥居清長『日本橋の往来図』(1760年代)。

図14　鍬形蕙斎『江戸風俗図巻』部分図。(『日本の美学』28、ぺりかん社、1998)

仲買人、そして家庭へと、水揚げされた魚の迅速な運搬を可能にした。城から目をそらして日本橋川の反対方向を見渡せば、左手には魚河岸、右手には蔵が建ち並び、その向こうには江戸橋が架かっていた。日に千両もの金が動いたという活発な市場は、江戸から日本へと（さらには城、蔵、富士山へと）通じていたのである。

この市場がもっぱら町人のためのものであったことを考えると、その光景は政治的権威を象徴する城と富士山を中心とした眺めとは異なる性格のものといっていい。むしろ、日本橋の裏方にあって、もう一つ別の意味を構成していたのだと考えるべきだろう。

日本橋での体験は、江戸末期に町の様子を描いた多くの作品を残した葛飾北斎《かつしかほくさい》の浮世絵版画の中に見ることができる。一八〇〇年の『東都名所一覧《とうとめいしょいちらん》』には、日本橋から江戸橋方面を眺めた情景が描かれている（図15）。この絵では、視界がねじれていて、左手に魚河岸まで展望できるようになっている。画面前方では、人々が豊富な物資を担いで日本橋を往来し（物資に恵まれたのは城だけではなかったのである）、特に魚であふれた大かごが目立っている。

これと似た情景は、同じ北斎画の『絵本東都遊《えほんあずまあそび》』にも見ることができる（図16）。この題は、今日でも東照宮などで演じられる古代の雅楽「東遊《あずまあそび》」をもじって、江戸の名所の数々を巡りながら「東方に遊ぶ」ことを意味している。初版（『東遊』）は一七九九年に墨摺りで出版されたが、一八〇二年には多色摺りの短縮版が発行された。この絵の角度では富士山を見ることができない。というのも、北斎はここでも魚河岸を見せるため、視界をねじってい

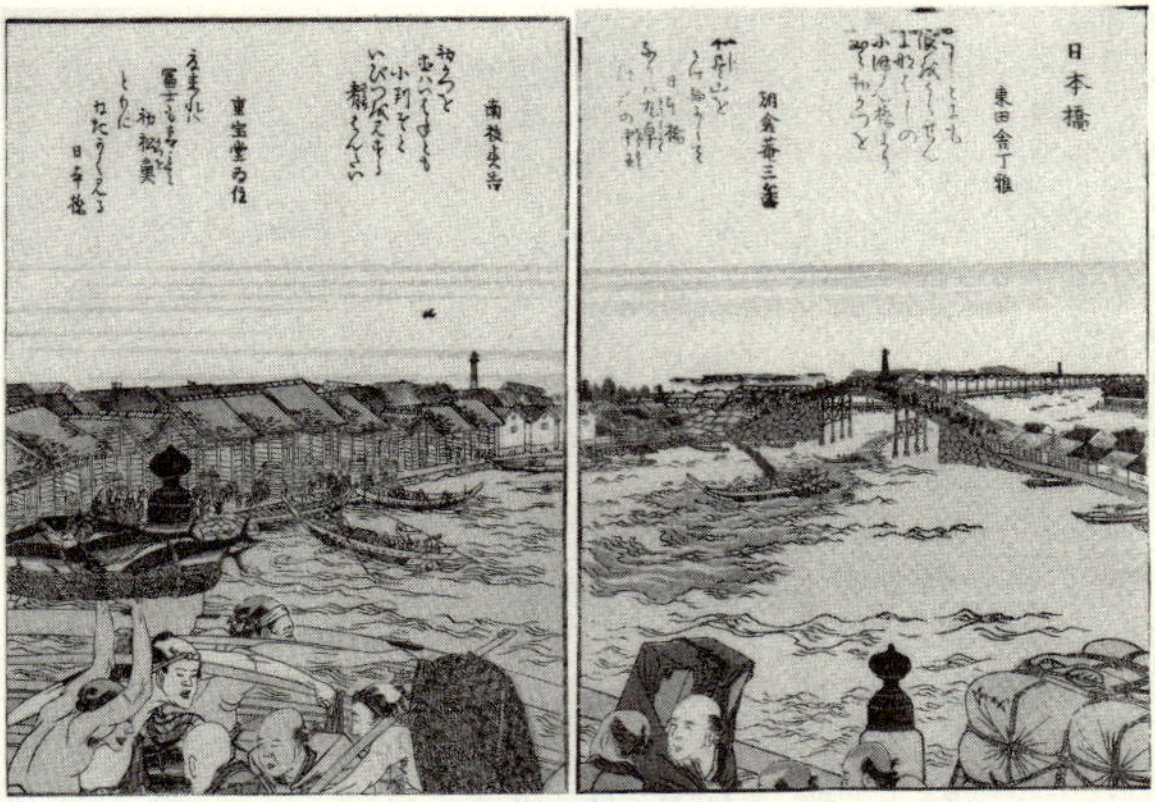

図15　葛飾北斎『東都名所一覧』（1800）より「日本橋」。

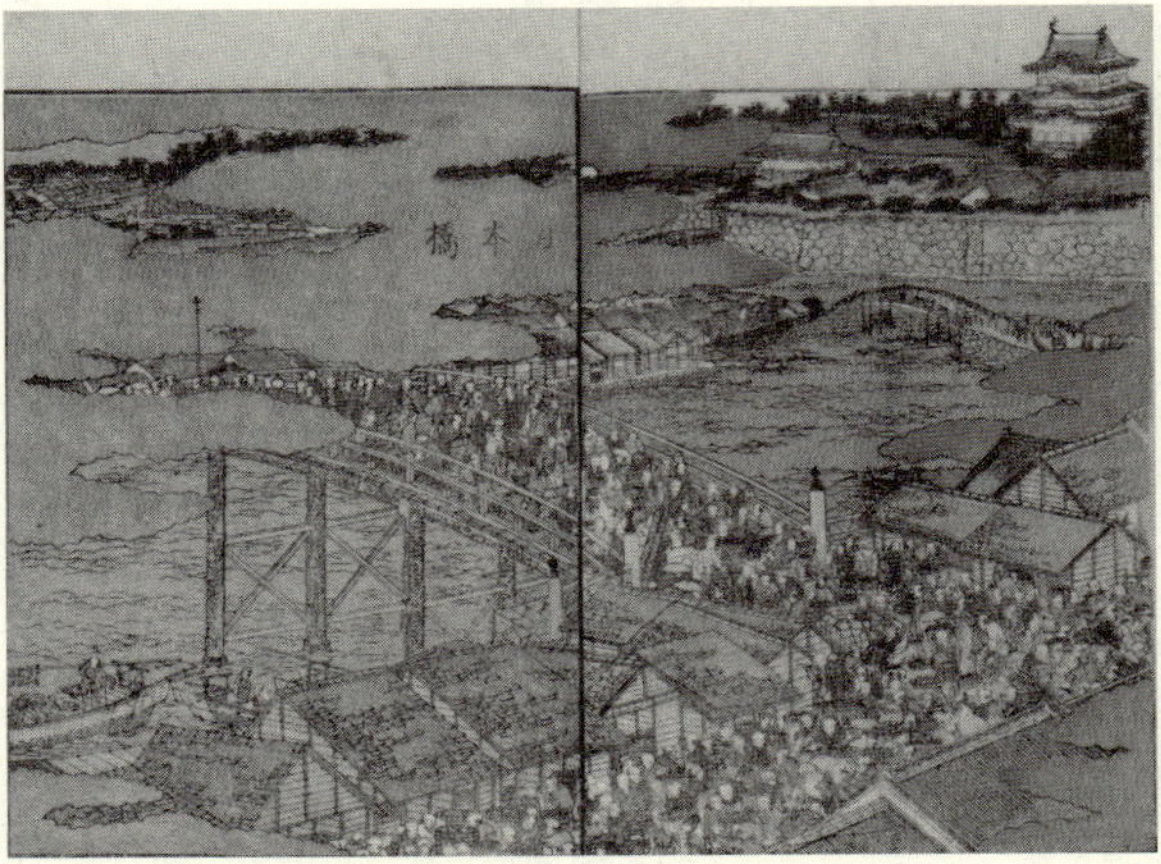

図16　葛飾北斎『絵本東都遊』（1802）より「日本橋」。

るからである。右手の庶民の生活の忙しい様と、左手の特権階級の生活の秩序だった静けさが対照的である。北斎の版画は安価で売られた町人を対象にしたものだったが、画面には町の民衆に混ざって武士の姿も見える。橋を渡る大名行列。城も、雲と木々の合間から、ひっそりとその姿をのぞかせている。

日本橋の周辺

日本橋の意味を考察するにあたって重要な場所は他にもある。橋の上から実際に見ることはできないが、徳川幕府にとって重要な場所が橋の周辺に点在していた。それらはすべて城に向かって右側に集中している。つまり、橋を渡って「彼岸」、あるいは「日光」側にある場所である。ここでは三つの建物について詳しく述べたい。

一つ目は「金座」と呼ばれる金貨の鋳造所である。その創設は日本橋よりも古く一六〇一年にさかのぼる。この広大な敷地を有し、固い警備で守られた場所は、将軍の中央銀行として機能していた（なお、現在でも日本銀行がこの場所にある）。

一六一二年、家康の隠居した駿河の国、駿府《すんぷ》の城にあったもう一つの金座がこの土地に移転し、二つの金座が合併した。通りの左手（つまり日本橋に近い方）は本両替町《ほんりょうがえちょう》で、そこでは金銭の両替が行われた。しかし、両替の仕方は前出の出光美術館蔵『江戸名所図屏風』

に描かれているものほどいい加減ではなく、金座においては、全国での各種通貨の利用状況に応じて相場が定められていた。しかし、他の政治的に重要な建造物と同様、金座の建物が絵に描かれることはなかった。また、金座の前には、御堀を渡って城へ達する主要な橋の一つ、常盤橋《ときわばし》（もとは大橋と呼ばれていた）があった。

二つ目の場所は、日本橋から見ることはできなかったが、聞くことはできた。本両替町の隣は本石町《ほんこくちょう》と呼ばれる区域だった。日本橋が完成して数年後、二代将軍徳川秀忠《ひでただ》は時之鐘を江戸の町に寄贈し、この地に鐘楼が設置されて、江戸の名物になった。それまで、江戸には時刻を統一する制度がなかった。ほんの一握りの人々しか時を告げる道具を所有することができなかった当時、時刻の統制は困難を極めた。江戸市中に時を告げることのできる鐘が必要とされていた。そこで将軍が江戸城内で使われていた鐘を、この用途に差し出したのである。鐘を町に寄贈することによって、城内の秩序が広く市中に行き渡ることになったのである。

この場所の正式名は「本石町」だったが、それは当時、「本刻町」とも書かれた。この町の鐘は江戸全域の時を管理するもので、他に八つの鐘が赤坂、本所、上野、芝、目黒、市ヶ谷、浅草、四谷に設置され、本石町で刻まれた時をリレーして伝えた。つまり、正確な時刻は日本橋から発信されたのである。

本石町の鐘は、一六五七年、一六六六年、一六七九年、一七一一年の火災で焼失したが、

図17　時の鐘、日本橋小伝馬町十思公園。

その度に改鋳された。最後に鋳造された鐘は現在、かつて実際に使われていた場所にほど近い日本橋小伝馬町、十思《じっし》公園に保存されている（図17）。初期の鐘楼の大きさはわかっていないが、一七一二年製の現存の鐘を吊るしていたものは、間口二十メートル以上、奥行きは三十五メートルにも及んだ。

この鐘の管理は辻源七《つじげんしち》を名乗る役人が担当し、江戸のどの職業にもいえることだが、代々親から子へと役職と名前が引き継がれていった。もともと将軍から町への贈物だった関係で、新しい鐘や大がかりな修理が必要な場合は、将軍家が代金を支払った。しかし、日々の管理は鐘撞《かねつき》料でまかなわれ、鐘の聞こえる範囲内の四百十軒の住人から月々永楽銭一文が徴収されていた。

さらに興味深いことに、秀忠の死後の一六三四年、跡を継いだ家光《いえみつ》は御代替りの一環として関西を歴訪。これを記念して、大坂の町にも時を知らせる鐘を寄贈した。これはつまり、いわば家光が江戸を発《た》つときに正確な時間を運び出し、江戸に戻るに際して大坂に置き土産として残していったようなものである。大坂の鐘は「釣鐘」として親しまれ、今では鐘は失われてしまったが、中央区の釣鐘町という地名に残されている。

第三の場所は、本石町の鐘からほんの数軒のところにあった。長崎屋源右衛門《げんえもん》が代々取り仕切っていた「長崎屋」である。平戸（後に長崎の出島に移転）にオランダ東インド会社が開設したオランダ商館の商館長（カピタン）らは、将軍に謁見するため江戸を訪れることを義務づけられていたが、長崎屋はその江戸参府のヨーロッパ人たちの宿所であった。

一六〇九年から一七九〇年にかけて参府はほぼ毎年行われたが、松平定信が五年おきと改定してからは一七九四年と一七九八年に執行された。そして、一七九九年にオランダ東インド会社が解散したあとも、一八五〇年までは不規則ながら何度か参府が続けられた。一行は通常三週間ほど逗留し、その入府と滞在は、江戸の政界や庶民生活の中で重要な年中行事となっていた。

オランダ人は長崎屋を「大使館」と呼んでいたが、江戸の人々の間ではもっぱら「紅毛館」「紅毛人御旅館」などと呼ばれていた。この宿所については、ヨーロッパ人から不満が続出している。はやくも一六四〇年に、オランダ商館長は「ぼろぼろになった建物で、憂鬱だ」と記し、一世紀以上経た一七六六年にはオランダ商館の医師が「我慢はできるが、遠路はるばるやって来た使節団にふさわしい場所ではない」と不満を漏らしている。

しかし、ヨーロッパ人は、江戸のど真ん中というその土地の重要性を十分に理解していなかったようである。幕府は、世界の果てから人々を呼び寄せ、自らが描いた権力の図像の中に彼らを位置づけることができるということを、町人たちに見せつけたかったのだ。ヨーロッパ人は、ひじょうに多くの見物人がやって来ると何度も書いている。前述のオランダ商館の医師は一七七六年に次のように記している。「宿舎の外の通りにはたむろする少年たちがほとんど絶えることがなく、我々の姿を少しでも垣間見ようものなら、呼び声をあげたり大騒ぎをしたり、時には、我々を見るために向かいの家の塀によじ上る者までいる」。さらに、「はじめのうちは、この国の知識人や名士たちが面会に現れたものだが、後半になると商人や他の庶民までもが客人として訪れるようになった」。長崎屋を訪れ、ヨーロッパ人と面会した人物には、平賀源内《げんない》、杉田玄白《げんぱく》、前野良沢《りょうたく》らもいた。その立地は幕臣や大名などがお忍びで訪れるのにも好都合だった。歴代の商館長が、夜間にこうしたお忍びの訪問を幾度となく受けたと記録している。

前述の葛飾北斎画『東都遊』の初版は一七九九年で、すでに毎年行われなくなっていた参府があった翌年である。その年の参府の際、商館長ガイスベルト・ヘミーが長崎への帰路で急死し、服毒によるものと噂された。紅毛宿の長崎屋はスキャンダルの中心となり、北斎の画集にも取り上げられたわけである（図18）。そこには建物の詳細な描写はないが、物見高い群衆が、外からでも一目見ようと訪れている様子が描かれている。この建物が政治的に重要なものだったため、『東都遊』の中で唯一この絵には場所の名前が明記されていない（日本橋の絵［図16］を参照）。

長崎屋を描いたものとして知られている絵がもう一枚あり、一八五六年の天明老人《てんめいろうじん》編、歌川広重《うたがわひろしげ》画『狂歌江都名所図会《きょうかえどめいしょずえ》』の中に収められている（図19）。ここではその場所の様子が多少なりとも明確に描かれている。外壁の表札は、不明瞭ながら「紅毛人旅館」もしくは「紅毛人御宿」と読みとれる。見物人の姿はないが、にぎやかな繁華街に位置していることがわかる。

一六四一年に出島に移って以来、オランダ人一行は陽暦の十二月に長崎を出立して、翌年二月に江戸に到着するのが習わしだった。しかし一六五七年、将軍への目通りを二日後に控えた日に大火が起こり、翌年一六五八年には目通りの前日に大火があって長崎屋が焼失し、その次の年にも江戸は大火に見舞われた。この三年連続の不祥事に幕府は恥じ入り、一六六〇年から、冬は火事が多発するということで参府の日程を数週間ずらすことに決定した。これにより一行は陽暦の正月明けに出立し三月に江戸到着となった（もっとも、この決定にもかかわらず、一六六〇年の参府の際には再び大火があり、長崎屋は焼失した）。その後、参

図18　葛飾北斎『絵本東都遊』(1802) より。

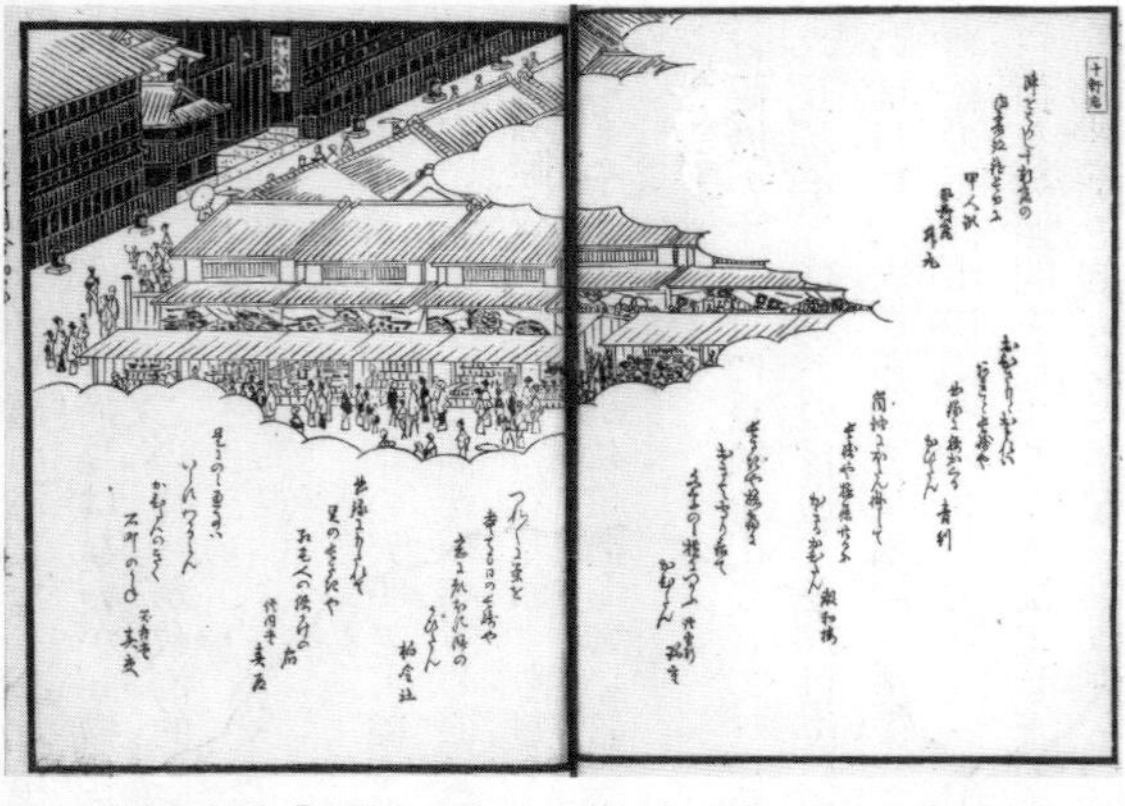

図19　歌川広重『狂歌江都名所図会』(1856)。国立国会図書館蔵。

府の日程はさらに繰り下がり、一行の江戸到着は桜咲く陽暦の四月ということになった。芭蕉の次のような発句が残っている。

甲比丹《カピタン》もつくばはせけり君が春

一行の到着は決して内密のものではなく、ひじょうに公的な行事だった。ヨーロッパ人たちは高価で珍しい品々を貢ぎ物として馬に載せ、華々しく江戸へやって来た。芭蕉は次のようにも詠んだ。

阿蘭陀《オランダ》も花に来にけり馬に鞍

一句目の季語は「春」、二句目の季語は「花」だが、参府が春になってからは、「おらんだ」そのものが春をあらわす語となった。

参府の政治性ゆえに、それを描くことは容易なことではなかった（『江戸図屛風』は朝鮮通信使の江戸城到着を描いているが、この屛風は幕府高官のために制作されたものであることを忘れてはならない［図20。第二章図4］）。江戸城のヨーロッパ人一行を描いた唯一の絵は司馬江漢のもので、一七九八年の参府の様子であろうといわれている（図21）。

長崎屋と本石町の鐘は隣り合わせで、人々は通常それらをひとまとめに考えていた。幕府はそれらを通して時間的にも空間的にも統治したわけである。広重の絵に書かれている狂歌は次の通りである。

是にのみ通詞はいらず　分かるらん　かぴたんの聞く　石町のかね

他にも多くの発句が残されている。たとえば次の詠み人知らず。

石町の鐘阿蘭陀まで聞こえ

おかしなことに、ヨーロッパ人の書き残したものの中に鐘に関する言及はまったくなく、鐘楼に言及したものが二例あるのみである。

一つは、一六六〇年の参府の時のもので、参府の一行は大火の夜長崎屋から避難し、翌朝戻ってみると建物は焼けて跡形もなかった。「その辺一帯、見渡す限り、廃墟と灰と化していた」と商館長は書いている。しかし、幸いにも貢ぎ物を保管した蔵は焼け残り、「我々の宿から四五軒先の大きな時計の吊り下がっている場所だけでも、十二人が焼死したそうだ」。

二つ目の例は、その二十年ほど後のことで、ドイツの医師エンゲルバート・ケンペルが

図20　画家不明『江戸図屏風』（1657以降か）、部分図。国立歴史民俗博物館蔵。（『日本屏風絵集成』第11巻、講談社、1980）

図21　司馬江漢「江戸城に阿蘭陀人」（1798？）。

「我々の旅宿の前、左の方には、木造の鐘楼があった」と記述している。この二つの例をのぞいては、この江戸の鐘が「阿蘭陀まで聞こえ」たことはなかったようである。

日本橋からの眺めは、すでに述べたように、江戸において数少ない計画的展望の一つだった。しかし、日本橋からほど遠からぬ場所で、その眺めを真似した者があった。それは三井越後屋で、橋の「彼岸」（右側もしくは北側。または日光側）の駿河町に土地を買い、通りの両側に店を建てた。この道もまた、その駿河という名によって富士山に通じていた。前述の松倉嵐蘭が記しているように、この場所もまた富士見の名所の一つに数えられていた（図22）。

その効果は日本橋の眺めに匹敵し、やはり豊穣を示唆していたが、政治的な要素はここにはなかった。道は北二〇度方向を向いていて、江戸城はほとんど見ることができなかった。本両替町は駿河町の先にあったが、金座は視野の外だった。また、ここでは皆、寛容な幕府によって建設された橋の上ではなく、自然な道の上に立つことになった。要するに、ここからの眺めは、日本橋からの眺めを町人化したものだったのである。

駿河町は町人の空間であったため、描くことも容易で、たくさんの絵が残っている。代表的なものは斎藤幸雄《ゆきお》・幸孝《ゆきたか》・幸成《ゆきなり》の親子三代によって完成、長谷川雪旦《せったん》が挿絵を担当した『江戸名所図会』（一八三四―三六）の中にある。その眺めは遠近法を利用すると、とりわけ素晴らしく見えたので、その手法が用いられた（図23）。左から歩いてくる魚売りと、前方

図22　鳥居清広『駿河町の富士』（1770頃）。

図23　長谷川雪旦画、斎藤幸雄他編『江戸名所図会』（1836）より「駿河町三井呉服店」。

を通る武士の一団に注目されたい。

遠近法を用いた絵は、当時「浮絵」と呼ばれていた。この種の絵は一七三〇年代頃から奥村政信《まさのぶ》によって始められたもので、政信は自らを浮絵根元と称していた。これらの遠近法は決して正確なものではなかったが、江戸時代を通じて人気を保っていた。一七六三年の川柳に次のようなものがある。

ゑちごやへ行くうき絵の数に入る

この越後屋の風景は、北斎が一八三〇年代初頭に描いた『富嶽三十六景』の中で取り上げられている（図24）。見上げる視点で、空には「寿」の文字をあしらった凧があがっている。この絵にも遠近法は用いられているが浮絵とは区別される。

しかし、同じシリーズの中で、北斎は日本橋の浮絵を描いている（図25）。画面下方では町人がひしめき合い、前出の日本橋から江戸橋方面を描いた北斎の絵と通じるものがある。町人の世界は過密で混沌としている。その上方には有力な商人たちの蔵が整然と並んでいる。遠近法を使うことによって、建ち並ぶ蔵の長くまっすぐな線を強調している。そこで人々は、荷揚げ・荷積みなどの作業を、てきぱきと手馴れた様子で遂行している。その向こうには一石橋が認められるが、銭瓶橋は遠すぎて見えない。

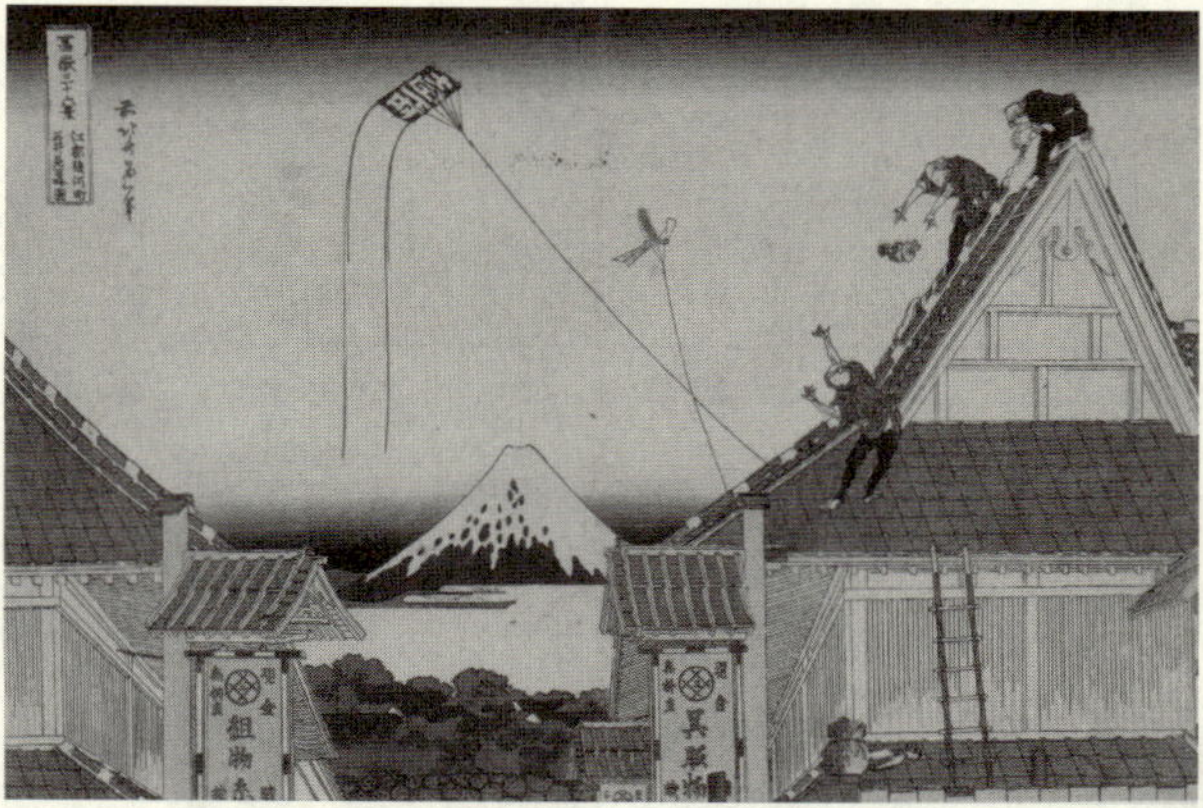

図24　葛飾北斎『冨嶽三十六景』（1834）より「江都駿河町三井見世略図」。

図25　葛飾北斎『冨嶽三十六景』（1834）より「江戸日本橋」。

図26　葛飾北斎『新版浮絵』（1806頃）より。

図27　北尾政美『浮絵江戸橋より日本橋見図』（1780頃）。

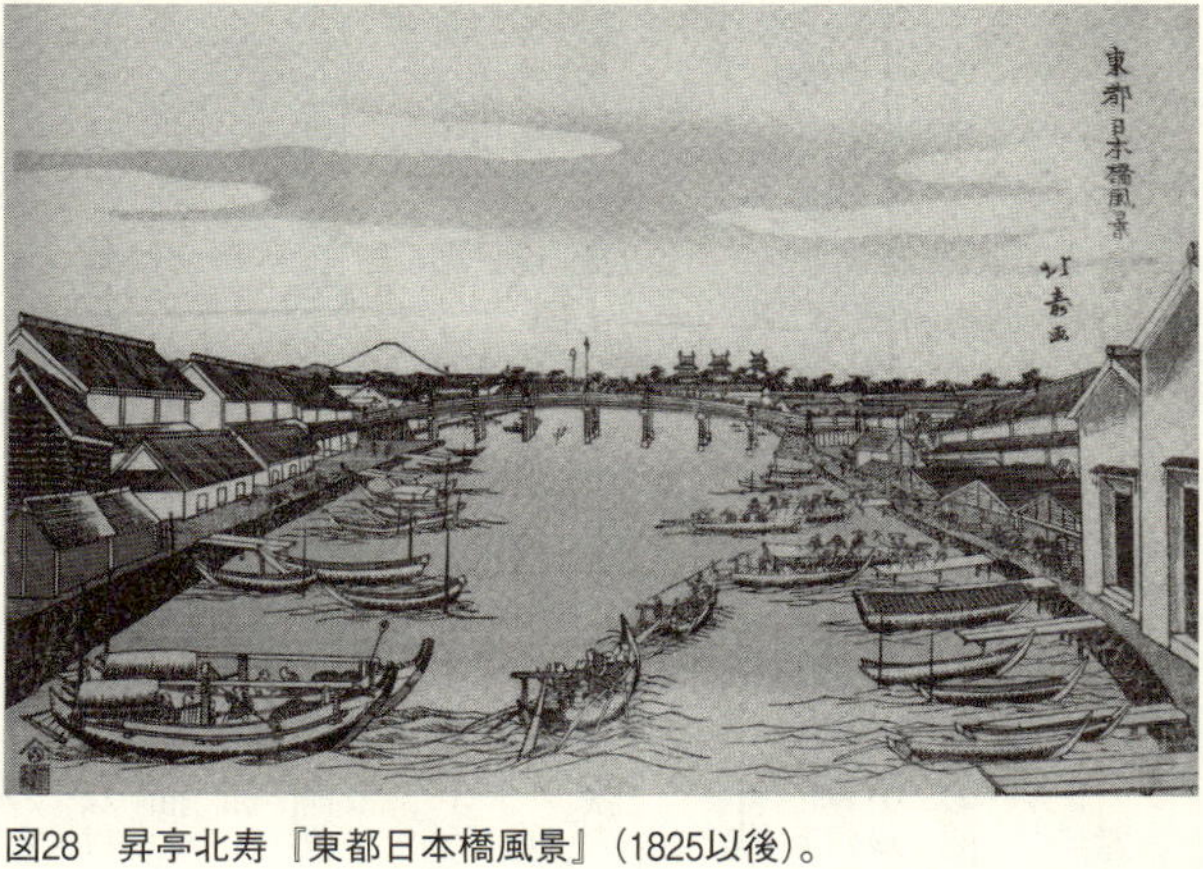

図28　昇亭北寿『東都日本橋風景』（1825以後）。

しかし、ここで北斎は難問にぶつかった。遠近法に忠実であろうとするならば、遠くのものは小さく描かなければならない。したがって、正確には、遠景の江戸城は小さな点でなければならないのである。たとえば、前述の司馬江漢が城に到着するヨーロッパ人一行を描いた「蘭画」では、この法則に忠実にしたがっている。しかし、江戸城をそんなに小さく描くのは無礼千万である。そこで、北斎は城を遠近法から除外して、富士山と同じように、画面上方に大きく浮き上がらせたのである。

この絵を、北斎の初期のシリーズ、一八〇六年頃出版の『新版浮絵』の絵と比べてみよう(図26)。この絵では、江戸橋が一番手前で、その後ろに日本橋、一石橋と続いているが、他は雲に隠れている。北斎は遠近法をきちんと活用したかったのだが、城を小さくせずに絵の中に入れる方法を見出せず、それを見えないようにしてしまうことにしたのである。

他に、あまり成功しているとはいえない例がいくつかある。たとえば、北斎より多少年代がさかのぼるが、北尾《きたお》政美《まさよし》(後の鍬形《くわがた》蕙斎《けいさい》)の『浮絵江戸橋より日本橋見図』(図27)。城はほとんど見えないが、その少しだけ垣間見える姿が、橋の上を通る大名行列の足下にかかってしまうのを防ぐため、政美はそれを樹木で覆っている。北斎より後の例として、北斎の弟子であったといわれる昇亭北寿《しょうていほくじゅ》が一八二五年以降に描いた絵では、城の姿は見えるが、かなり小さくなっている(図28)。しかしここでも、城は江戸のスカイラインを制圧すべく、橋の上方に突き出ている。

これらの例に比べて、作品としてより洗練されている北斎の『富嶽三十六景』の絵は、三面構成になっている。まず画面下方の町人の世界は三次元の広がりがまったくない平面である。広く奥行きのある中央部分は裕福な商人たちの世界。画面奥には江戸城がぐいと突き出し、この城と富士山のみが存在する特権的な場を形成している。北斎は遠近法の正しい使い方を熟知していた。しかし、その手法をそのまま利用したくはなかったのである。日本橋はいくつもの異なる世界が出会い、触れ合う場だった。しかしそれらの世界はあくまでも異質なもので、同じ基準に当てはめることはできず、同じ一つの空間に存在させることも不可能だったのである。

実際のところ、司馬江漢も同じような問題を抱えていた。江漢は遠近法に忠実にしたがって城の建物を小さく描いたわけだが、将軍の城がヨーロッパ人の下腹部に位置する無礼を避けるため、唐突にも画面右側に高い城壁を描いた。これは建築的にはまったくありえないことなのだが、あくまでも城が二人の男たちより高く大きいことを表現し、近景の男たちが遠景の城を圧倒してしまうことを防いだのである。

また、『東都遊』に戻ってみると、北斎は城を画面右上、すなわち絵の上座に描いている（図16）。そして、それは枠をはみ出し、規定の境界線に支配されることを拒み、それのみが存在する特別な空間へと広がっている。城よりも高くそびえることができるのは、この世で唯一、富士山だけである。そして、これらを体験できる場が、日本橋だったのである。

第二章　新しい京・江戸

北アジアから東南アジア全域に及ぶ中国文化圏一帯では、町の形態についてひじょうに明確な考えがあった。この「理想的な町」の原型は五世紀にさかのぼり、北魏《ほくぎ》が首都洛陽《らくよう》を建設したときに始まる。この洛陽のモデルは、その後多少手直しされたものの、ほとんど変化せずに受け継がれていった。

このような町では、道が東西南北に碁盤の目のように張り巡らされ、大通りが町の中心を通って南北方向に走り、町を東西に二分していた。この大通りは、北の端の宮殿と、南の端の大城門とを結んでいた。

日本では、平城京と平安京がこのモデルに基づいて建設された（図1）。この理想的な形式にしたがって建設された美しい都市は、ただ単に一般市民の生活の場というだけではない。そこには国王や皇帝が住み、地方に点在する乱雑な町からは区別されて「都」や「京」と呼ばれた。すなわち首都である。

このような計画都市は人体に似た構造をもっている。北、すなわち頭部には、全身に指令を出す「頭」があり、その対極の臀部《でんぶ》にはもっとも重要な「穴」が開いている。さらに、こ

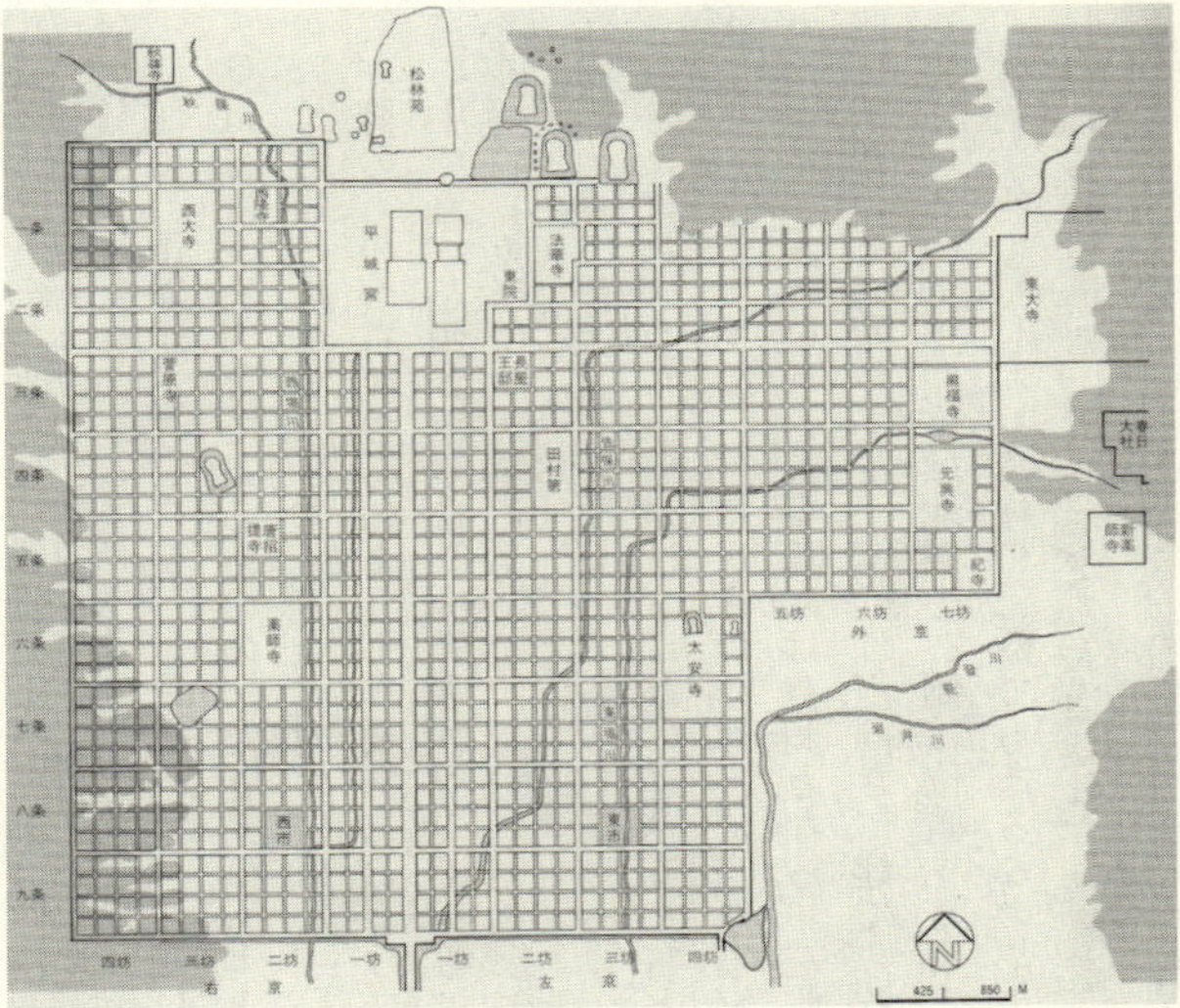

図１　平城京の都市計画。（高橋康夫他編『図集　日本都市史』、東京大学出版会、1993）

のような都市は、人体と同じように、背骨のように縦に伸びる大通りを境に左右対称になっている。その大通りの両側には、大邸宅や行政機関などが建ち並んでいた。また、東側に市場があれば、西側にも市場があり、寺院が東にあれば、西側にも同じように配置された。

しかし、人体はほぼ左右対称であるものの、たとえばもっとも重要な器官である心臓が身体の中心ではなく左寄りにあるように、完全に対称を成しているわけではない。都市もまた同じように、左側のものが右側のものよりも重要であるように作られていた。すなわち、左右対称の構造の中でも、左側が重視され優先されたのである。左京は常に右京の上に置かれた。政府の機関も、左京のものが右京のものよりも上位にあり、たとえば、政務長官は左大臣で、右大臣はいわゆる副長官の身分だった。

　ここで気を付けなければならないのは、ここに述べる左右とは、人が自分の身体を見たときの左右であるという点である。都市ならば、頭部に当たる宮廷の位置から見ての左右なのである。したがって、左というのは実際には右側となる。左側にある心臓が対面した人間から見れば右側にあるのと同断である。宮廷は南向きに建てられているが、現在の地図は北を上にして作られているので、左京は地図の右側に位置することになる。

　理想的で、幾何学的で、しかも身体の象徴でもあるこの都市の構造は、陰陽道によってさらに深く意味づけられている。南北に走る大通りは、陰陽道（または「風水」）で南方向を司るとされる「朱雀《すざく》」（朱色の鳥）にちなんで「朱雀大路《おおじ》」と呼ばれていた。他の主要な方角も、北の玄武《げんぶ》(黒い亀)、東の青龍《せいりよう》、西の白虎《びやつこ》のように、色の着いた動物によって表される。

これらの色にはそれぞれ意味があり、南に輝く太陽を象徴する赤、黒は北の暗闇、青は日の出、白は雲のたなびく夕闇を、それぞれ表している。太陽は都市の頭上の空を動き、それに応じてこれらの色が定められたわけだが、さらに言えば、これらの色は都市に住む国王や皇帝とも関係している。国の支配者は都市の北部に南向きに鎮座し、すべての方角の中心となっている。北は、その背後にあるために暗く、南はその顔に太陽の光が当たるため赤い。

この中国式の理想的な都市あるいは京には、他にもさまざまな規則があるが、この場ですべてを論じることは不可能である。もう一点だけ述べておくとすれば、陰陽道では、宇宙を司る「気」は北東から南西へと流れるとされていることであろう。

そこで町の北東から入ってくる「気」の毒や危険を取り除くため、北東方向を守る必要があり、このことが、都市の対称性を乱す二つ目の原因となった。北東は一般に鬼門《きもん》と呼ばれ、この方角の危険性を示唆しているが、これはおそらくもとは「気門」と表記されていたと考えられる。鬼門に関しては第一章ですでに述べたが、また次の第三章でも触れるので参照してほしい。町の建設にあたっては、その北東に山がある場所が多く選ばれた。

というのは、山が悪い「気」の侵入を防ぎ、よい「気」だけを通すと信じられていたからである。さらに安全を保障するため、山頂には寺院が建立された。寺院には門前町が付き物である。したがって、この寺院とその周辺地域が開発されることによって、多くの理想的な計画都市において、全体の碁盤の目が崩されることになったのである。

北東部はそれ自体が決して危険なわけではないが、危険に対する備えが必要とされた。再び人体にたとえるならば、今度は正面ではなく、東を向いた身体を想像してもらいたい。人が朝目覚めたとき一番にすることは、今日では部屋の電灯をつけることだろうが、過去においては太陽が昇る東を見ることだった。計画都市は南北の軸に沿って北を「頭」として建設されているが、これを人体に置き換えるならば、人が太陽の昇る東を向いて立っているとすると、その口は北東に当たる。人体が口を通して体内に物質を取り入れるように、町もまたその口である北東から「気」を取り入れる。

さらに、人体が悪いものを選り分けてそれが口から入り込むのを防ぐ機能をもっているように、町もまた北東から入り込む悪い「気」を浄化する機能を備えている。人体には、唇や歯があれば味覚もあり、また極端な場合には吐き出す能力もある。同様に、都市には山があり、その上に建てられた寺院があるのである。

日本最古の理想都市・平城京には、金光明《こんこうみょう》四天王護国寺、すなわち一般に東大寺（方角から言えば「東北大寺」と呼ばれるべきか）として親しまれている鎮護の寺がある。一方、平安京では延暦寺《えんりゃくじ》が、北東にあたる比叡山《ひえいざん》山頂に置かれている。

この緩衝装置の向こう側にあるのは危険な場所で、山と寺院がそこから放出される悪を打

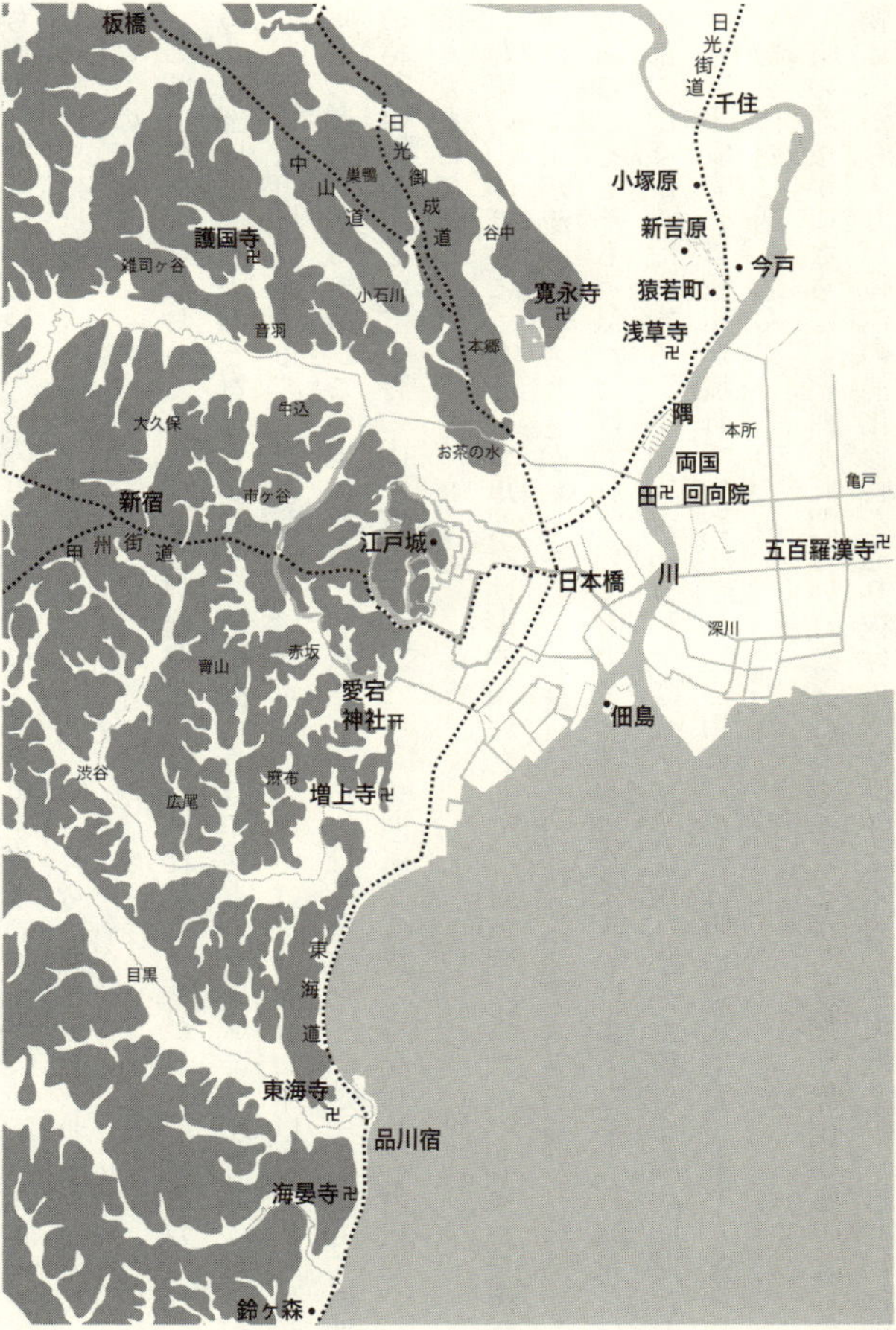
板橋
日光街道
千住
日光御成道
中山道
巣鴨
小塚原
新吉原
今戸
猿若町
谷中
護国寺
雑司ヶ谷
寛永寺
小石川
音羽
浅草寺
本郷
牛込
大久保
隅田川
本所
お茶の水
両国
回向院
亀戸
新宿
市ケ谷
甲州街道
江戸城
五百羅漢寺
日本橋
深川
赤坂
青山
愛宕神社
佃島
渋谷
麻布
増上寺
広尾
目黒
東海道
東海寺
品川宿
海晏寺
鈴ヶ森

地図Ⅱ　江戸の地勢

ち消すと考えられていた。どの町にも、刑場、畜殺場、皮革の加工・製造所、瓦工場や、それらの仕事に携わる人々の居住地が必ず存在し、当時それらは悪い気を放つ場所と考えられていたのである。

平城京や平安京においてはそれほど明確な区別はなされなかったが、江戸においては、町の北東部には上野の山と寛永寺があり、その向こうは千住という地域で、小塚原の刑場があり、その仕事に従事する非人たちがいた。さらに、江戸では、一六五七年以降、幕府公認の唯一の遊郭である吉原がこの地に移り、一八四一年からは歌舞伎などの芝居小屋もこの地域の猿若町《さるわかまち》に集中した。上野の山と寛永寺が、これらの悪所から出る毒を封じ、町の安全を保障したわけである。

北東の山のほかに、もう一つ重要な地形的条件として、町の東の外れに、北東から南西に向かって川が流れていることがあった。これは「気」の流れをよくして、滞《とどこお》りを防ぐためである。そもそも「気」とは流れていくもので、滞ってしまうのはよくない。平城京には、東部の山々から流れ出る二本の川があり、大きな方が佐保川《さほがわ》、小さな方が東堀川《ひがしぼりがわ》と呼ばれていた。平安京には鴨川が流れていた。これらの川は、いわば町の消化器官であり、その口から物を体内に送り込んでいるのである。

町の北東が口ならば、南西が肛門ということになる。ここからは物が流出する。よい飲食物は口から入り、体内の消化器官を通り抜けて、その間に栄養分が摂取され、排泄物は別の口からきれいに押し出されなければならない。「気」にも同じことが言える。できるだけよい「気」を北東部から取り込み、栄養分は町中で摂取され、不要なものはきれいに排出されなければならない。このように、町も身体も、摂取、消化、排泄の作業を繰り返すのである。佐保川や鴨川は南西方向に流れ、町の排泄物を押し出した。江戸では、江戸湾に流れ込む隅田川がこの役割を果たした。

この都市モデルは、すでに述べたように、中国の古都・洛陽にその源を発する。その名前の最初の一字「洛《らく》」は、多くの首都の呼び名にしばしば利用された。平安京は、日本史上もっとも長く首都と定められていた町であるため、古くから省略して、ただ「京」と呼ばれている。しかし、京へ行くことは「上洛」と言われた。さらに、京とその周辺の情景を表した絵が桃山や江戸時代初期に何枚も描かれたが、これらを総称して「洛中洛外図」と呼ぶ。

別の都市も同じように呼び習わされた。筆者の住む町ロンドンは、漢字では「倫敦」と表記されるが、「倫敦京」あるいは「倫洛」と呼ぶこともできる。この「洛」という文字を使うことによって、都市の格付けがなされた。つまり、国王や皇帝が唯一無二であるように、京もただ一つのものである。他にも素晴らしい町は数多あるが、洛、つまり京に匹敵するものは皆無である。したがって、素晴らしいが宮廷をもたぬこれら「その他の町」はもちろん「京」ではないが、洛陽の二番目の文字「陽」を付けて表した。たとえば、江戸時代、長崎はしばしば「長陽」と書き表されている。とするならば、筆者のふるさとであるオックスフオードの町は、さしずめ「牛津」(Ox＝牛＋ford＝津)転じて「牛陽」とでも書き表されたであろうか。

このように首都と「洛」の結びつきは、それが理想の都市であることを示唆しているが、実際には常にうまくいくとは限らなかった。もっとも長いあいだ宮都であった平安京は理想の都市であるはずで、その名一つとってみても、日本最古の「洛」である平城京の「平」に、唐の都長安の「安」の字を併せたものであることがわかる。

しかし、造営後まもなくして、平安京はその理想的な設計から逸脱し始めた。人間はそう計画通りに生きられるものではない。川が町の東の外れにあるのは実用的ではなかった。水路へのアクセスがよいということで人々は川辺に居を構えたがり、かくして平安京の人々が鴨川の向こう岸に移住し、町が東側に広がっていくのに時間はかからなかった。江戸時代には、「京」の人口の三分の一が鴨川の東側に住んでいた(おそらくは現在も同じ割合と考えられる)。

江戸においても、遷都十年足らずの間に、人々は隅田川を渡り、その東側に町が発展していった。はじめ隅田川を渡るには舟に乗らなければならなかったが、一六五九年には両国橋が架けられた。この東部の地域は正式には江戸の町ではなかったが(ここから「両国＝両方の国」という名前が付けられた)、実質的には江戸の町の一部として幕府に認められたことになる。その後、渡し舟の往来が激しくなり、橋の数も増えていった。

洛のジレンマはこれだけではなかった。それは江戸時代以前の日本においては歴然としていた。すなわち、洛陽の都市モデルは平和な時代のものであって、戦国の世にはまったく役に立たないということである。この都市モデルが普遍的であるということは、侵略軍が地図がなくとも簡単に町の中を移動することができ、行政や権力の中枢を容易に探し出し、占拠することができるということを意味している。さらに、宮廷とそこに住む統治者を押さえたいのなら、敵は町の北側から攻め込めば早いわけである。宮廷は町の北の境界線上に位置しており、容易に襲撃することができた。

平安京は、平安・鎌倉・南北朝・室町・戦国時代を通じて、その簡明で無防備な構造を上手く利用した軍勢によって、何度も攻撃され破壊された。この中世の間に、防御しやすいよう宮廷は町の中心に移され、碁盤の目のように張り巡らされていた道は、ある時代には数本をのぞいて、またはある時代には例外なく、すべて途中で行き止まりとなった。中世になって通常ただ「京」と呼ばれるようになった平安京は、上京《かみぎょう》と下京《しもぎょう》に二分された（図2）。豊臣秀吉が京の周りに巡らせた城壁（御土居）は、市街地を一つにまとめる役割とともに、防衛の意味もあった。その結果、京は中世日本特有の城下町となった。

城下町は防衛を意識した構造になっていた。京のように道は碁盤の目が基本だったが、街全体がそうなのではなく、町の各地区が碁盤の目のようになっていて、それら小型の碁盤の目がいくつもパッチワークのようにランダムに繋ぎ合わされていたのである（図3）。

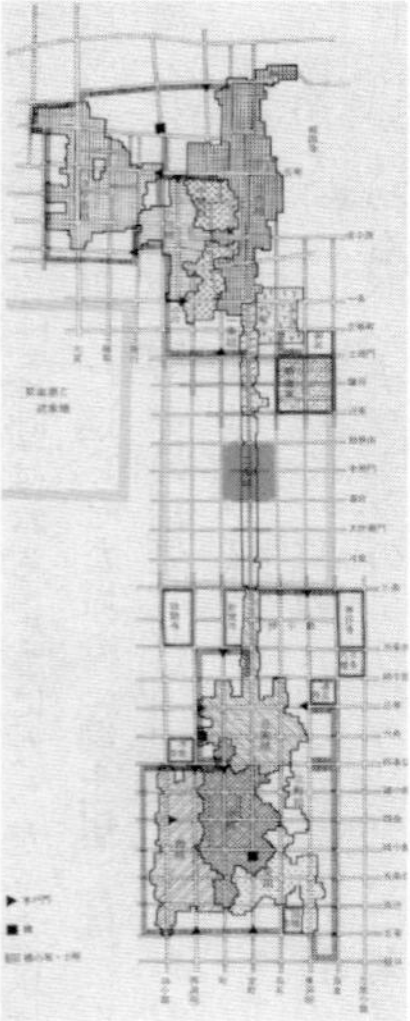

図２　中世京都の都市計画。（高橋康夫他編『図集 日本都市史』、東京大学出版会、1993）

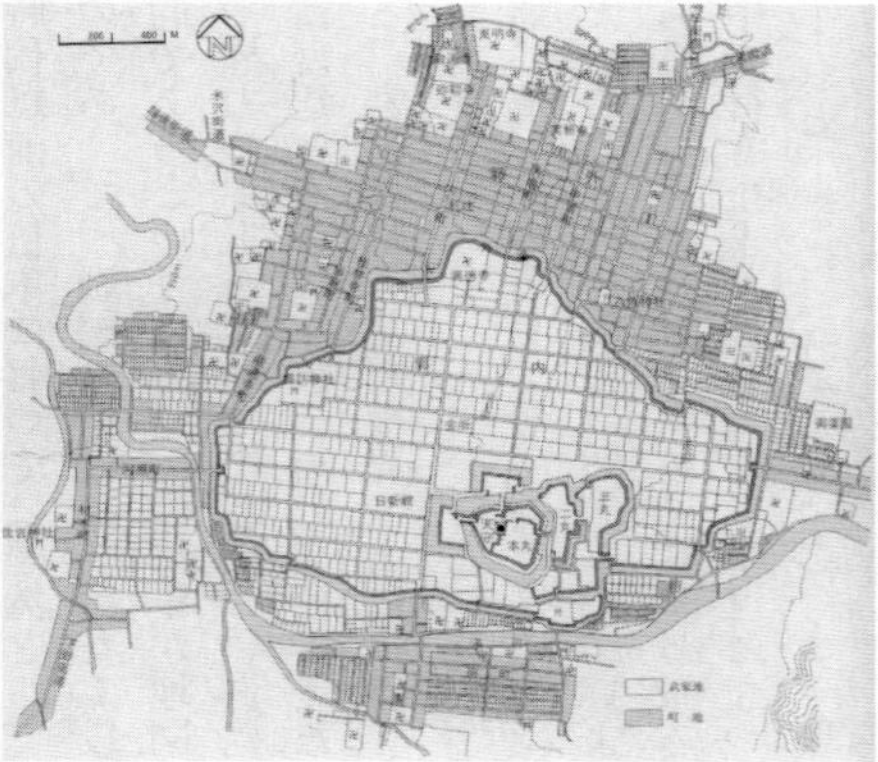

図３　戦国時代の城下町の計画：会津若松。（高橋康夫他編『図集 日本都市史』、東京大学出版会、1993）

このような城下町は日本全国に遍在した。中央の権力は弱まっていたが、当時「内裏《だいり》」と呼ばれていた天皇の権威に異を唱えるものはなく、どの城下町も「洛」を名乗るには役者不足だった。城下町はすべて「陽」だったわけである。しかし、一五九〇年以降、そのような城下町の一つとして江戸が発展しはじめ、やがてその中でも別格の存在となった。関ヶ原の戦いを経た一六〇〇年には、江戸が特別に重要な都市であることは誰の目にも明らかになった。一六〇三年、徳川家康が将軍になると、江戸の町は、幕府の中心地としてさらに明確な特徴を必要とした。建設事業の中では、日本橋が町のシンボルとなった。これは「陽」の図像学の流れとは切り離された新しいアイデアで、平和、人々や物資の自由な往来、そして秩序の回復を象徴していた。

江戸は、日本随一の「洛」にはなりえなかったが、一六〇三年以降、その他大勢の「陽」以上のものになろうという野望を捨てたわけではなかった。江戸の中心には城があり、その周りには碁盤の目の地区がパッチワークのように幾重にも広がっていた。城を町の真ん中に移すことは防衛上理にかなうことだったが、城の住人が将軍兼右大臣（左大臣の地位は公家が独占していた）の地位に収まると、重大な問題が生じることになった。城の北側に位置する地区の住民は、城を南に見ることになるのである。洛の町で、宮廷が北に置かれたのは、王や皇帝が南を向いたとき太陽がその顔に当たって輝くからである（仏像も同じような理由から、南向きに安置される）。すなわち、何人《なんぴと》も支配者を南に見てはいけないのである。

下々の者は、暗闇に閉ざされた北の方向に目を向けて、太陽を受けて光り輝く支配者の姿を拝むのである。

何者も城を南に見ることなく、いかに城を防御するかが、一番の問題だった。そこで、江戸の場合、徳川幕府の従僕たち（すなわち旗本や御家人）を城の北側に住まわせることにした。いうなれば彼らは家族の一員、もしくは身内である。したがって、彼らが南に城を見るということは、その主人たる将軍を従僕として背後から護ることになるのである。江戸時代のはじめ、大名は、江戸城を南に望む位置に屋敷を構えることはなかった。しかし、後になって、下屋敷を城の北側の山手地区に建てることが許された。もっとも、これらの屋敷は城からはかなり離れたところにあり、本邸ではなかった。

それぞれの大名屋敷の位置は、細心の注意を払って決められた。関ヶ原で徳川勢と共に戦った大名は譜代と呼ばれ、信頼を受けていたが、旗本や御家人とは違って身内ではなかったため、大手門外といった城の北東部から配置されていった。これは譜代大名のよい「気」が、陰陽道に基づいた町の防御を助けるからである。山と寺院が町に入ってくる「気」を浄化し、譜代大名の居住区を抜けるとき、さらに浄化され、よいものを拾うのである。

反対に、関ヶ原で徳川の敵側についた外様大名に対しては常に疑惑がつきまとっていたため、これらの大名は桜田門外をはじめとして南西部に住まわされた。信頼できない外様大名によって穢《けが》された「気」が、何の問題も起こさずに、排泄物として速やかに町から出ていくようにである。また、城の南側に位置するため、幕府の威光が存分に発散されたわけである。

江戸には隅田川、当時の名称を用いれば大川《おおかわ》が流れ、重要な交通路となっていたが、第一章で触れたように、隅田川と同様に北東から南西にかけて本街道も走っていた。これは、江戸で唯一、町を通り抜けて走る道で、北東から日光道中として江戸の町に入り、日本橋を渡ると東海道となり、南西から町を抜けていった。このように、江戸の「気」の流れは格別によかったわけである。再び消化器官にたとえるならば、素晴らしい消化機能が備わっていたことになる。それはおそらく、町の中心にそびえる巨大な城による障害を埋め合わせてあまりあるものだったろう。

一六〇三年以降、江戸は少しずつ「陽」ではなく「洛」のレトリックを採用しはじめた。京に肩を並べることはできずとも、日本各地にある無数の城下町の中で、江戸は卓越した存在でなければならなかった。「小京都」と呼ばれた町は日本全国に点在している。その美名が必ずしも江戸時代にさかのぼるものではないが、篠山《ささやま》（兵庫県）、出石《いずし》（兵庫県）、龍野《たつの》（兵庫県）、大洲《おおず》（愛媛県）、中村（高知県）、朝倉（福岡県）、小城《おぎ》（佐賀県）、伊万里《いまり》（佐賀県）、人吉《ひとよし》（熊本県）、日田《ひた》（大分県）、杵築《きつき》（大分県）、日南《にちなん》（宮崎県）、知覧《ちらん》（鹿児島県）などがある。

しかし、江戸は「小京都」と呼ばれることをよしとせず、別格のものでなければならなかった。「陽」と呼ばれる町はたくさんあったので、江戸にはその名称は使われなかった。また一方で、江戸は「洛」にもなりきれなかった。したがって、唯一無二、それ自体で独自のカテゴリーを形成するものでなければならなかったのである。そこで、江戸はしばしば「洛」「陽」のいずれの文字をも使わず、京都の「都」の字を取って呼ばれた。「都」は「みやこ」とも読むが、江戸は関東にあるため「東都《とうと》」と命名された。そしてこの呼称は江戸時代を通じて徐々に頻繁に利用されるようになった。「東都」と書いて「えど」と読ませることさえあった。

江戸の屛風には、京の屛風（洛中洛外図屛風）と同様、町中に配置された新しい名所の数々が描かれている。そのいくつかを第一章で詳細にみてきたが、江戸第一の見所は将軍の住む城であり、それは洛中洛外図屛風に描かれたどの建物よりも高く大きくそびえ立っている（図4）。もちろん関ヶ原の戦いの後もしばらくは、京は豊臣家の支配下にあった。確かにそれらの屛風に描かれているのは、京との類推《アナロジー》によって作られた江戸である。洛中洛外図では二隻の屛風がそれぞれ上京と下京を描いているのに対し、江戸の屛風では右隻が上野、左隻が品川となっている。江戸時代初期、他の多くの町も洛中洛外図を真似て屛風に描かれた。全国の大名たちはこぞって自分の城下町を讃えるため屛風を作らせた。しかし、それらは京の名所や風景にはとらわれず、それぞれの町の景観を描いていた（図5）。

また、江戸の屛風に限っていうならば、京の屛風と対で作られることがあった。これらの

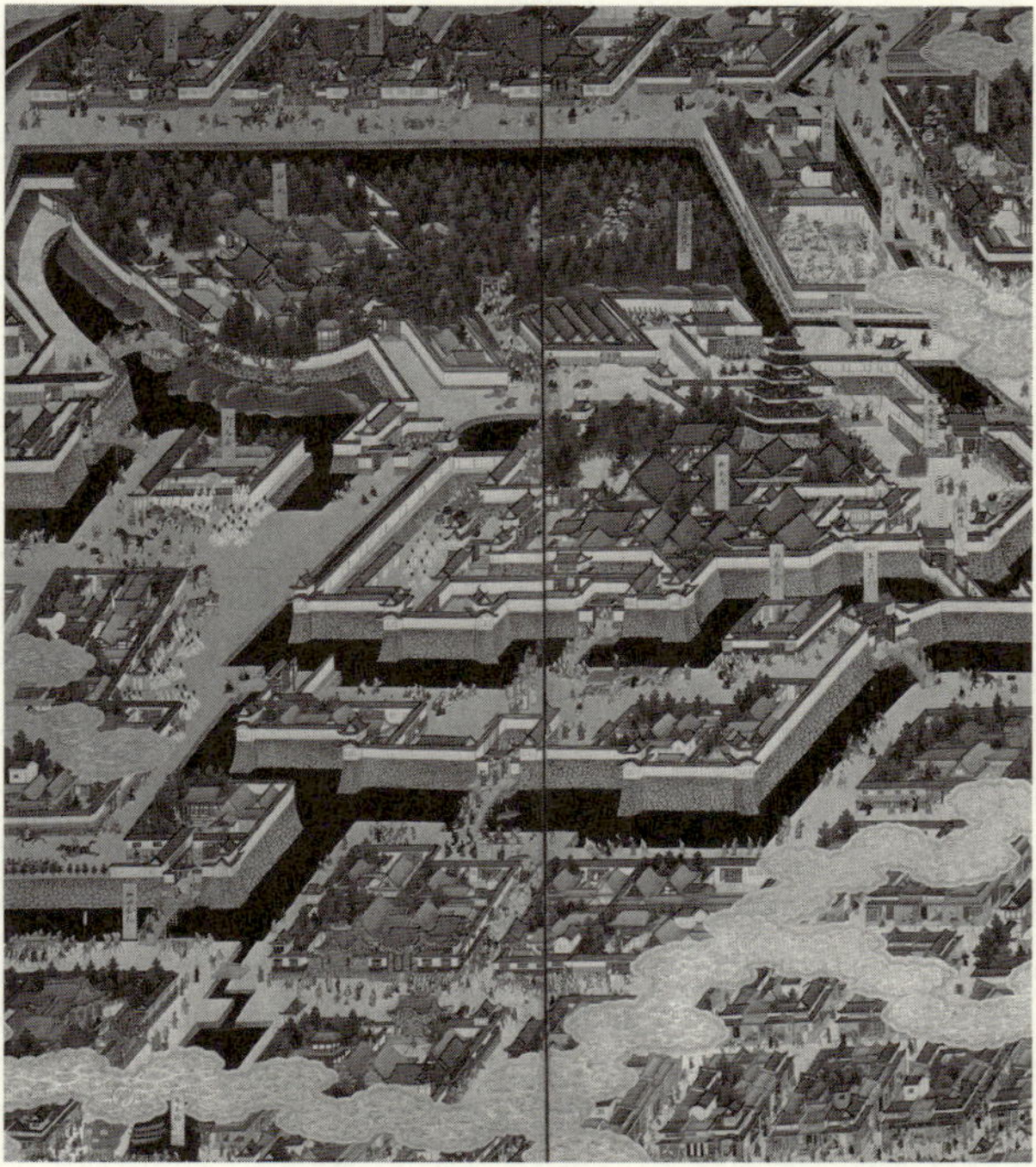

図４　画家不明『江戸図屛風』（1657以降か）、部分図。国立歴史民俗博物館蔵。（『日本屛風絵集成』第11巻、講談社、1980）

（右隻）

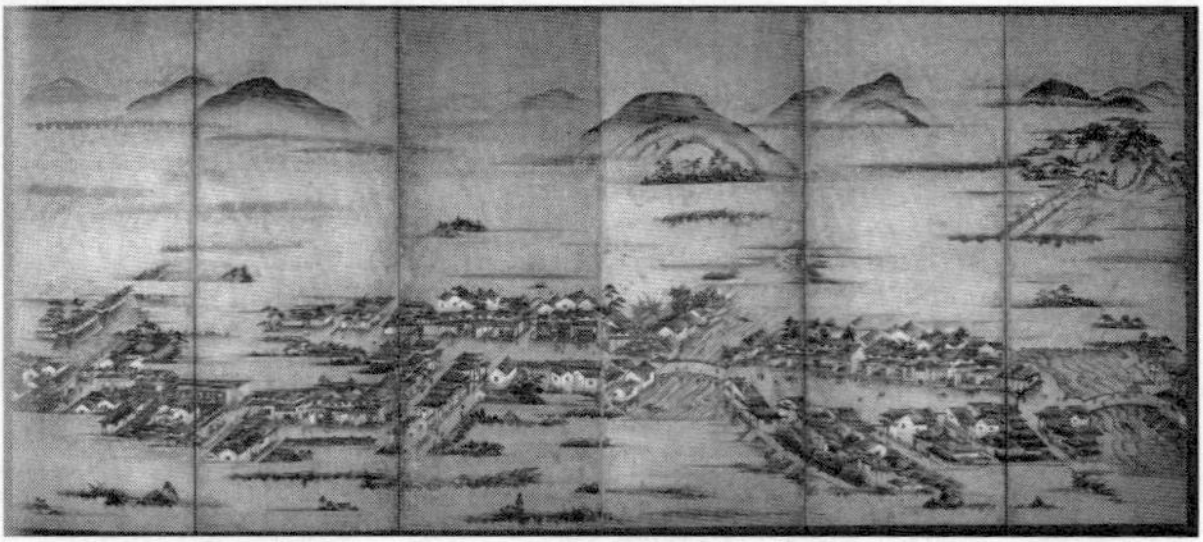

（左隻）

図５　画家不明『広島城下図屏風』（江戸初期）。広島市立博物館蔵。

江戸・京図屏風（というよりは「都京競図屏風《ときょうくらべずびょうぶ》」とでも呼ぶべきだろうか）は、右隻が江戸、左隻が京で、江戸と京とを同格に対比させているようである。

この左右の位置関係は、それらの屏風が飾られた状況を考えれば容易に納得できる。美術品としても重要なそれらの屏風は、社会的に高い地位にある人物が座る場所の後ろに置かれていた可能性が高い。そのような人物は普通南を向いて座るため、屏風は北側の壁の前に置かれることになる。とすると、屏風は東西の軸上に隣り合わせに並べられることになり、江戸は実際京の東に位置するため、その屏風が向かって右に置かれるのである。同時に、この二つの町の位置は、江戸を優位に立たせるものでもある。というのも、前にも述べたように、より重要なものは向かって左ではなく右にあるからである。江戸・京屏風の数はそれほど多くはないが、現存する数点の中からいくつかの特徴を見出すことができる。これらの屏風はまず異なった道の配置を明らかにしている。京は豊臣家などによって再建され、本来の碁盤の目のパターンがある程度復元されていた。一方の江戸ではお堀が螺旋《らせん》状に渦を巻いていた。

これらの屏風が一六一五年以降に制作されたものであるならば（この可能性はひじょうに高い）、宿場町はすでに徳川の支配下にあったはずである。江戸・京いずれの町においても、将軍の城――江戸城と二条城――がそれぞれの真ん中の二曲に描かれている。さらに、京の町は、東から西を見るように描かれている。これは、江戸方向から見るときの位置であると同時に、二条城をどの建物・名所よりも高く見せることを可能にする視点だった。

京に匹敵する江戸

江戸の名所旧跡は、京のそれに匹敵するように作られた。鬼門を守るという陰陽道のもっとも根本的な規則に照らしてみると、江戸の北東部はただ単に守られていたのではなく、京と同じ方法で守られていた。詳細は第三章に譲るが、遷都前から江戸の北東部には浅草寺《せんそうじ》という寺があった。これは七世紀初めの創建で、関東地方でもっとも古い聖地の一つだった。しかし、この寺をそのまま鬼門の守りに利用することはできなかった。なぜならば、それが山上ではなく、川辺にあったからである。さらに、「浅草観音」と呼ばれていたことからもわかるように、寺の御本尊は観音様だった。これは京の北東部に置かれた延暦寺が天台宗であったこととと矛盾する。

当初徳川家は浅草寺を江戸の鬼門を守るために用いたが、一六二〇年代になって新しい鎮護の寺社を建立した。延暦寺と同様、天台宗の寺だった。その寺は、より正確に城の北東に位置する上野という名の小高い山の上に建てられ、寛永寺《かんえいじ》と名づけられた。京との関連をより明確にするため、寛永寺の山号は、「東の比叡山（延暦寺の山号）」ということで「東叡《とうえい》山《ざん》」とされ、その本堂、根本中堂は延暦寺の本堂を模して建てられた。当時、天台宗の関東

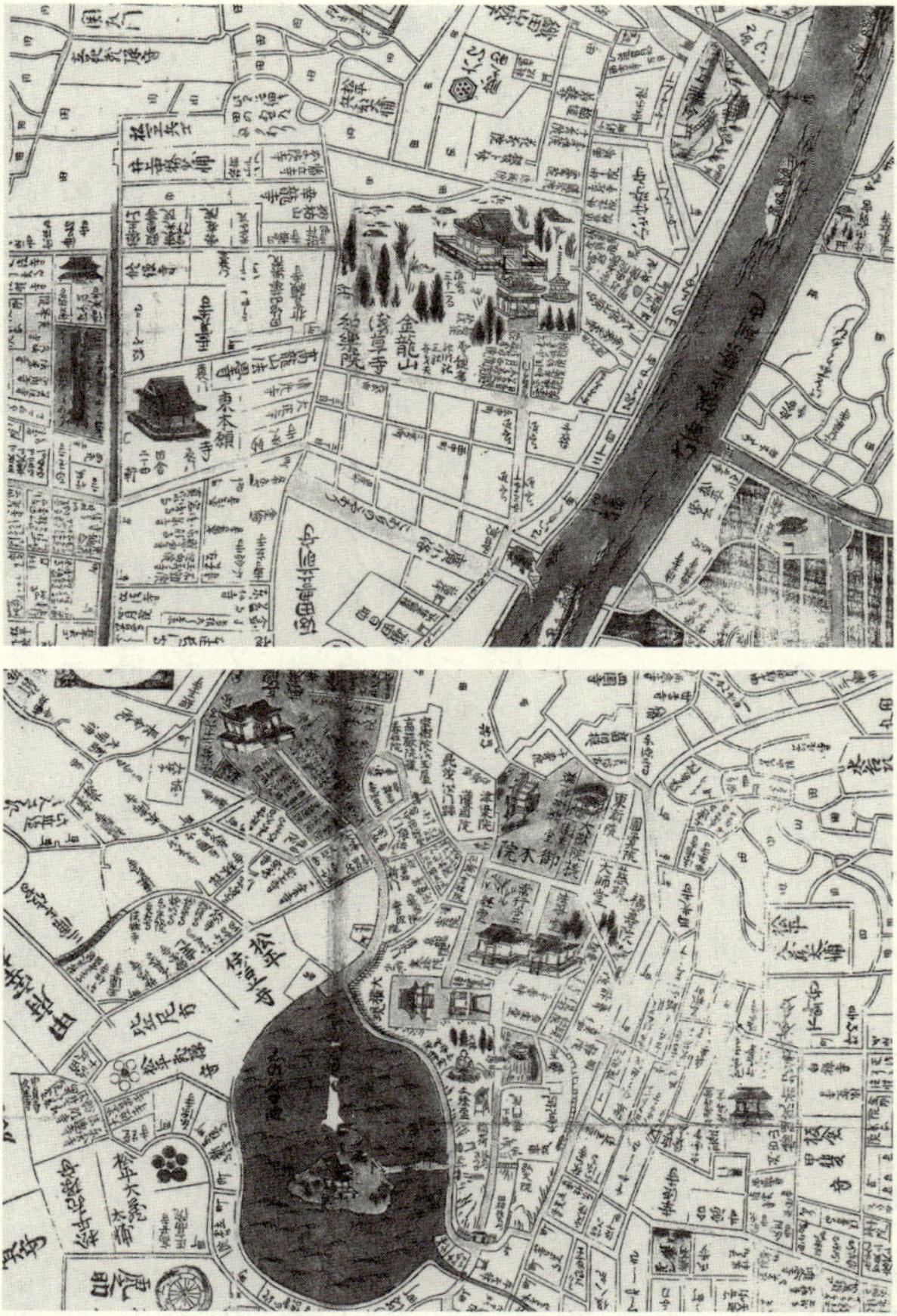

地図Ⅲ　元禄２年の浅草（上）と上野（下）。『江戸図鑑綱目　坤』より。国立国会図書館蔵。

総本山は川越にある喜多院《きたいん》で、それが関東全域を網羅する鎮護の寺と見なされ、「東叡山」としてすでに知れ渡っていた。しかし、寛永寺の完成により、喜多院はこの山号を剝奪されてしまう。後に、喜多院は徳川家の庇護を得て、川越東照宮（現在は前橋に移築）建立をはじめとするさまざまな名誉や寄付を授けられた。

寛永寺という名称に関してはどうだろうか。どうしてそのような名が付けられたのだろう。寛永とは寺が創建された時の年号（一六二四―四四）である。これは一見理にかなっているように思えるが、日本の仏教の伝統では、寺の名前は法隆寺や蓮華王院《れんげおういん》のように仏教の教えから取られるのが普通で、創建時の年号から名づけられるのはきわめて稀である。実は、この寛永寺という名も、京の例に倣《なら》って付けられた。京の鬼門に建てられた延暦寺も、その創建時の延暦年間（七八二―八〇六）にちなんだものであった。

このように江戸幕府は、京の延暦寺の設計や名称を上野の山に借り受けたわけだが、比叡山と上野の関係はさらに密接なものだった。比叡山の向こうには日本最大の湖・琵琶湖があった。この湖はその美しさで有名であるとともに、歴史的にもひじょうに重要な場所だった。となると、上野の山の麓にあった小さな池を「東の琵琶湖」に仕立て上げようという考えが出ても不思議ではないだろう。この池が不忍池《しのばずのいけ》で、これが掘り起こされ拡張されて、江戸最大の池となった。

琵琶湖の中には竹生島《ちくぶしま》という島があり、弁財天を奉じた神社があった（図6）。弁財天信

図 6　竹生島。Andrew Watsky, *Chikubushima* (University of Washington Press, 2004)

図7　月岡芳年『月百姿』(1886) より「竹生島 経正」。

仰は日本全国にあまねく見られ、水との関連が深い。今日では都久夫須麻《つくぶすま》神社と呼ばれているこの竹生島の弁天様は、謡曲『竹生島』で一躍有名になった。この物語は、この島に参拝に訪れた廷臣を主人公とし、彼がある一人の女と出会うことから始まる。女は「そもそもこれは、この島に住んで衆生を守る、弁財天とはわが事なり」と弁財天の生まれ変わりであることを告げる。音楽が鳴り、弁財天は踊りだす。そして、日が暮れると、「下世界の龍神」が湖の中から出現し、廷臣に金銀珠玉を授ける。龍神は再び水中へ、弁財天は神社の中へと戻っていく。この物語は、後に廷臣が源頼朝と結びつけられ、しばしば絵の題材となった（図7）。

この竹生島の神社は豊臣家の多大な保護を受けていた。とすれば、上野の不忍池の真ん中にも弁財天を祀った神社のある島が造られても不思議ではない。この島は竹生島よりも小さく、陸道で往来できるようになっていた（図8・9・10・11）。『竹生島』の能は、一六〇六年と一六〇七年、秀吉の豊国《とよくに》神社の祭事に演じられたが、徳川家も大坂夏の陣（一六一五）で豊臣家が滅びる前から、二条城や江戸城で上演している。

この江戸北東部の上野地区は、ことごとく京の名所に倣って造成された。京を訪れる者は誰でも、数々の有名寺院に参拝することを望んだだろうが、その一つに、鴨川を渡って町のすぐ外側にある清水寺《きよみずでら》があった。この寺は、霊験あらたかな観音像で名高いことはもちろん、本堂の驚くべき建造物でも有名である。この本堂には、山腹から張り出した舞台が付いており、眼下一面に咲き誇る桜を見下ろすことができる。この景観は先に述べた洛中洛外図にも必ず登場している（図12）。

清水寺の歴史は平安時代にさかのぼるが、その最初の建物は一四六九年に焼失し、十五年後に再建されたものの、これも一六二九年に火事で失われている。したがって、上野地区が開発された寛永年間の初めには、京の清水寺は焼失したままの状態だった。そこで徳川家は、江戸を「東の京」とするのではなく、京の後継者として位置づける事業に取りかかった。

すなわち、一六三一年、徳川家は清水寺を京より先に上野寛永寺の境内に再建したのだ。京の清水寺に敬意を払って、江戸の建物は京のものよりも小型で、名称も遠慮して清水堂とされた。しかし、それは明らかに京の寺の建築を真似ており、山の斜面から張り出したその舞台からは不忍池が見渡せた（図13）。

さらに清水寺の江戸でのコピーは上野にとどまらない。一六二九年、京の清水寺が焼失したまさにその年、小石川の水戸藩主上《かみ》屋敷につくられた庭園である後楽園で、早くも清水堂の建設が始まっている。この清水堂は、園内を流れる小川沿いの崖から張り出す形で造られた。ちなみにその後、後楽園を完成したのが有名な徳川光圀《みつくに》（水戸黄門）である。

江戸の清水堂が完成をみてようやく、徳川家は京の清水寺再建のため寄進を行った。今日我々が目にする建物は一六三三年に完成している（図14）。

図8　歌川広重『江戸名所 不忍の池』

図9　葛飾北斎『上埜』（1800年代）。

図10　画家不明『不忍の池図』泥絵（1820頃）。（ヘンリー・スミス編『浮世絵にみる江戸名所』、岩波書店、1993）

図11　歌川広重『東都名池風景 上野不忍』（1850頃）。

図12　狩野永徳『洛中洛外図屏風：上杉本』（1565頃）、部分図。米沢市、上杉博物館蔵。

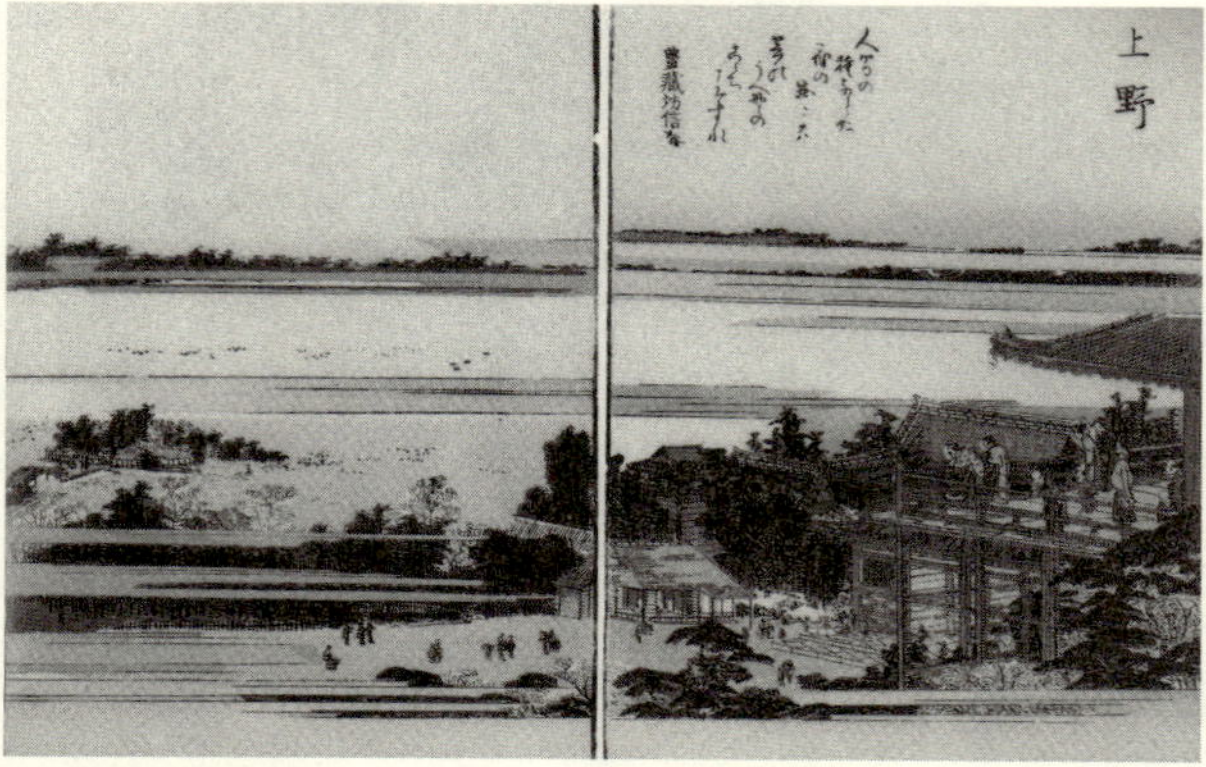

図13　葛飾北斎『絵本東都遊』（1802）より「上野」。

面白いことに、現在、上野には国立博物館、国立科学博物館をはじめとする文化施設が集中し、日本の文化や科学技術を展示しているが、その場所はかつて別の種類の文化・技術の展示場、すなわち京の名建築を江戸に移動してきた場所でもあった。

京の清水の舞台は、恋に破れた女たちの身投げの名所でもあった。身投げして生き延びれば、男の愛を勝ち取ることができると信じられていたのだ。これを題材にした説話や絵が数多く残っている（図15・17）。江戸の舞台は愛の試練には低すぎたが、それでもこの京での風習を真似る者は後を絶たなかったようである。たとえば次のような川柳がある。

飛ぶかと見える清水の俄《にわ》か雨

東《あずま》錦絵《にしきえ》の創始者、鈴木春信《はるのぶ》は、清水の舞台の上にたたずむ、またはそこから飛び降りる女たちの姿を描いている（図16・17）。春信は京を訪れたことはなく、その様子を描いたこともないので、この清水はいずれも江戸のものと推察される。高いところから、ということでいえば、京の高尾山で行われていた、かわらけ投げという素焼の盃を投げる有名な遊びがあるが、これが江戸の最高峰・愛宕山《あたごやま》（これも京の愛宕山からきている）へも移入されていた事実も興味深い（図18）。これについてはあとで触れよう。

それでは、京の人々はこのような江戸の行いをどう思っていたのだろうか。時代は下る

図14　清水寺本堂、京都、1633再建。

図16　鈴木春信『清水寺の舞台にいる美人図』1765年の絵暦の後摺(1766？)。

図15　礒田湖龍斎『清水寺の舞台から飛ぶ美人図』(1760頃)。

図17　鈴木春信『清水寺の舞台から飛ぶ美人図』1765年の絵暦の後摺（1766？）。

図18　鈴木春信『かわらけ投げ図』（1770頃）。

が、次の川柳は十八世紀後半のもので、京の二つの名所、金閣寺（一三九七）と銀閣寺（一四八二）について詠んでいる（いずれの建物も江戸に再現されることはなかったのだが）。

京の寺両替して江戸へ建て

寛永寺という名前が当時の一文銭・寛永通宝と共通していること、また浅草寺の山号が金龍山であったことを踏まえた駄洒落もある。この駄洒落には、京が江戸に買い取られたという思いが込められている。

江戸見物の随一は銭と金

また、内裏と将軍に言及した一句。

金銀が玉座で銭はお膝元

しかし、もちろん銀閣も金閣も足利将軍家の建立したもので、宮廷の建物ではなかった。清水寺に続いて名高い京の寺院建築は、町の南東に位置する蓮華王院内の三十三間堂だった。清水寺同様、そこに安置された仏像も重要だったが、建築がさらに有名だった。蓮華王院は、一一六四年、後白河上皇の命により造営され、仏師・湛慶《たんけい》とその弟子たちの手になる千一体の千手観音像を安置するため三十三間堂が建てられたが、ため、おのずとそれはひじょうに長い建物となった。一二四九年に火災により焼失したが、一二六六年に再建、現在残っているのはこの建物である（図19・20）。

江戸の三十三間堂は、一六二四年、浅草寺の近くに建設された。これもまた鬼門を守る寺院群の一部だったわけだが、寛永寺の境内ではなかった。その全長は京のものと同じで百メートル以上、ただし幅は京の半分で、安置されていたのは千手観音一体のみだった。面白いことに、ここでも建築だけではなく、その場に関連する行為までもが、江戸において再現された。

京の三十三間堂は、通し矢の行事で有名である。お堂の南端に置かれた的を北の端から射るもので、一定の時間に的中した本数を競った（図21）。この行事は江戸の三十三間堂でも実施された。そもそも徳川幕府にこのお堂の建設を進言したのが弓の達人だったという説もある。ただし、京の競技は、お堂本来の目的と異なるということで、お堂の裏手で行われたが、江戸のものは堂々と正面で行われた。

出光美術館蔵の『江戸名所図屏風』には、この浅草の三十三間堂が描かれている。しかし、一六四四年、この建物は深川に移築された。これは前述の弓の達人が、建設の際の資材

図19　円山応挙（伝）『三十三間堂図』（眼鏡絵）（1770頃）。神戸市立博物館蔵。

図20　三十三間堂（現在）。

の代金を材木問屋に支払うことができなかったためといわれている。その材木問屋がお堂の所有権を獲得し、移築したのである。一六九八年にお堂は焼失したが、また別の材木問屋が再建した。ただし今度は近隣の永代寺境内に移された。歌川広重は、この三つ目のお堂の姿を『絵本江戸土産《みやげ》』（一八五〇）に描き、また同じ図を『名所江戸百景』でも用いている（図22・23）。

出光美術館蔵の屏風では通し矢が実施されている様子が描かれているが、広重のものはそうではない。しかし、急角度で傾斜した絵の中のお堂は、あたかも宙を飛ぶ矢のようである。広重がこの浮世絵を描く十年ほど前の一八三九年、通し矢の最高記録が打ち立てられた。わずか十一歳の少年が十時間の間に一万二千十五本の矢を放ち、そのうち二百五十五本をのぞいたすべての矢が的を射抜いたのである。単純に計算しても、三秒に一矢《いっし》の割合で放ち続け、九八パーセントもの成功率だったということである。

城東に位置する深川は、陰陽道上は重要な地域ではなかったが、多くの人々でにぎわい、遊郭もあった。江戸の三十三間堂は多くの参拝者を集めたが、残念なことに一八七二年の台風で崩壊したまま、再建されることはなかった。

図21　画家不明『三十三間堂通矢図屛風』（江戸初期）。逸翁美術館蔵。

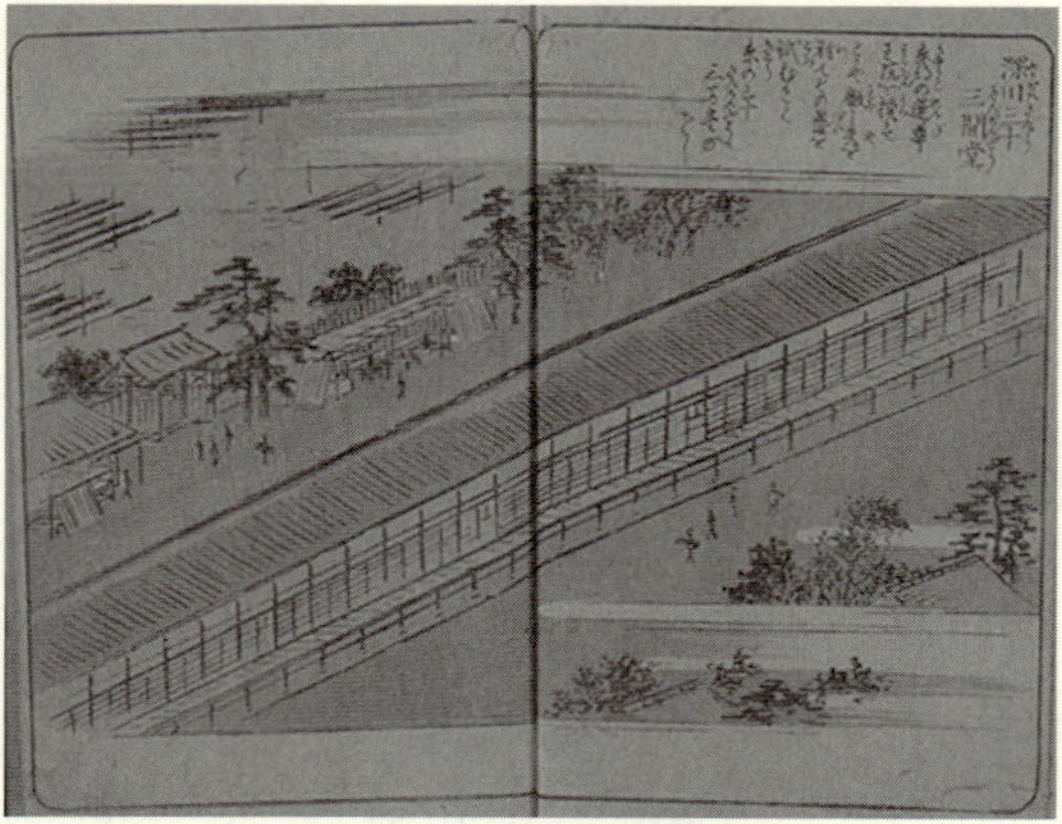

図22　歌川広重『絵本江戸土産』（1850）より。

図23　歌川広重『名所江戸百景』より「深川三十三間堂」（1857）。

その他の名所

この他にも、数々の京の名所が江戸に再現された。

武蔵野台地の突端でもあった江戸は、下町と呼ばれる低地から台地のほうへも市域を広げていったが、そうした台地と低地の境目は急峻な丘状の地形をなしていた。「上野のお山」をはじめとして、こうした台地の突端部を江戸の人々は山として受け止めていた。

その一つに、京の愛宕山に似ていたため、それにちなんで名づけられた山があった。京の愛宕山が標高九百メートル以上だったのに比べて、江戸の山は三十メートル足らずだったが、その頂上からは江戸の町と江戸湾を一望することができた。

この江戸の愛宕山も、広重の『江戸土産』に描かれている。祭事が執り行われているようだが、これは江戸独自のもので京の真似ではない。一人の男が大きなシャモジを手に石段を上っている。広重の落款《らっかん》の上の記述から、この男は毘沙門使で、祭事は正月三日に厄難消除を祈って行われたことがわかる。広重はその七年後『名所江戸百景』で同じ図を描き直したが、左上隅の額もしくは絵馬のようなものには安政四年（一八五七）と記されている（図24）。

京は文化的にも宗教的にも中心的な都市だったので、江戸がこの地との結びつきを重視し

図24　歌川広重『名所江戸百景』より「芝愛宕山」(1857)。

たことは容易に理解できるだろう。しかし、大坂にもたった一ヵ所だけ、江戸が借りてきて再現した場所があった。佃島《つくだじま》である。江戸の佃島はもともと向島《むこうじま》と呼ばれ、江戸湾に流れ出る大川の河口にある一対の小島だった。しかし江戸時代に入って、漁師とその家族の居住地として発展し、名前も改められた（図25・26）。佃島は、江戸市中にぽつんと存在した離れ小島だった。ある川柳は次のようにいう。

江戸の図に点を打つたる佃島

そこはまた江戸の中の「小関西」だった。というのも、家康は、摂津《せっつ》の漁師を呼び寄せ、現在の大阪（西淀川区）、神崎川河口の島にある佃村で鍛えたその腕を、徳川の新しい都市のために発揮してもらったというのである。不明な点も多いが、「佃」という漢字がめずらしいことから、関西とのこの関連は間違いないだろう。一六四四年までに、佃島は二百メートル四方にまで拡張され、十八世紀初頭には二百人もの人々が住んでいた。

大坂の佃村には有名な住吉明神があった。そこで、江戸の佃島にも同様のものが建てられた。江戸の神社は、取り立てて特徴のない大坂の神社の建物を真似ることはせず、名前だけを借り受けた。住吉祭が三年毎に、六月二十九日に開催され、大坂から江戸へ漁師たちが移り住んだ日を記念して祝った。この祭りは有名になり、広重の『名所江戸百景』にも収められている（図27）。
住吉明神は、漁師の神であると同時に文学の神でもあった。この奇妙な組み合わせは、謡曲『白楽天《はくらくてん》』にも登場する古い説話がもとになっている。この作者不詳の謡曲は、白楽天（白居易《はくきょい》）という唐の詩人が、日本人の詩作の能力を試すため、船に乗って大坂に近い住吉湾へやって来るという物語である（図28）。日本人に才なしと認められた場合、唐の皇帝は日本に進出し侵略するつもりでいた。まだ陸に辿り着かないうちに、白楽天は最初の日本人に出会うが、それは身分の卑しい漁師だった。二人は船上で詩作の腕を競う。しかし、実はこの漁師、住吉明神の仮の姿で、その素晴らしい詩に白楽天は驚嘆する。ここで神風が吹き、白楽天を唐に返して、舞台は幕を閉じる。

げにや和国の風俗の、げにや和国の風俗の、心ありける海《あま》びとの、げに有難き慣《な》らひかな

すなわち、江戸の市中に小さな点として存在した佃島は、日本と他者との水際での邂逅《かいこう》を言祝《ことほ》ぐものであると同時に、日本文化の独自性を保障するものでもあった。漁師たちを湾岸に住まわせるのは、当然、仕事上の便もあったのだが、それだけではなく、江戸の大川の河口にあって、侵略をもくろむ異国を水際で食い止める日本の力の象徴としての役割も果たし

図25　狩野休栄『隅田川長流図巻』（1751−64）より。大英博物館蔵。

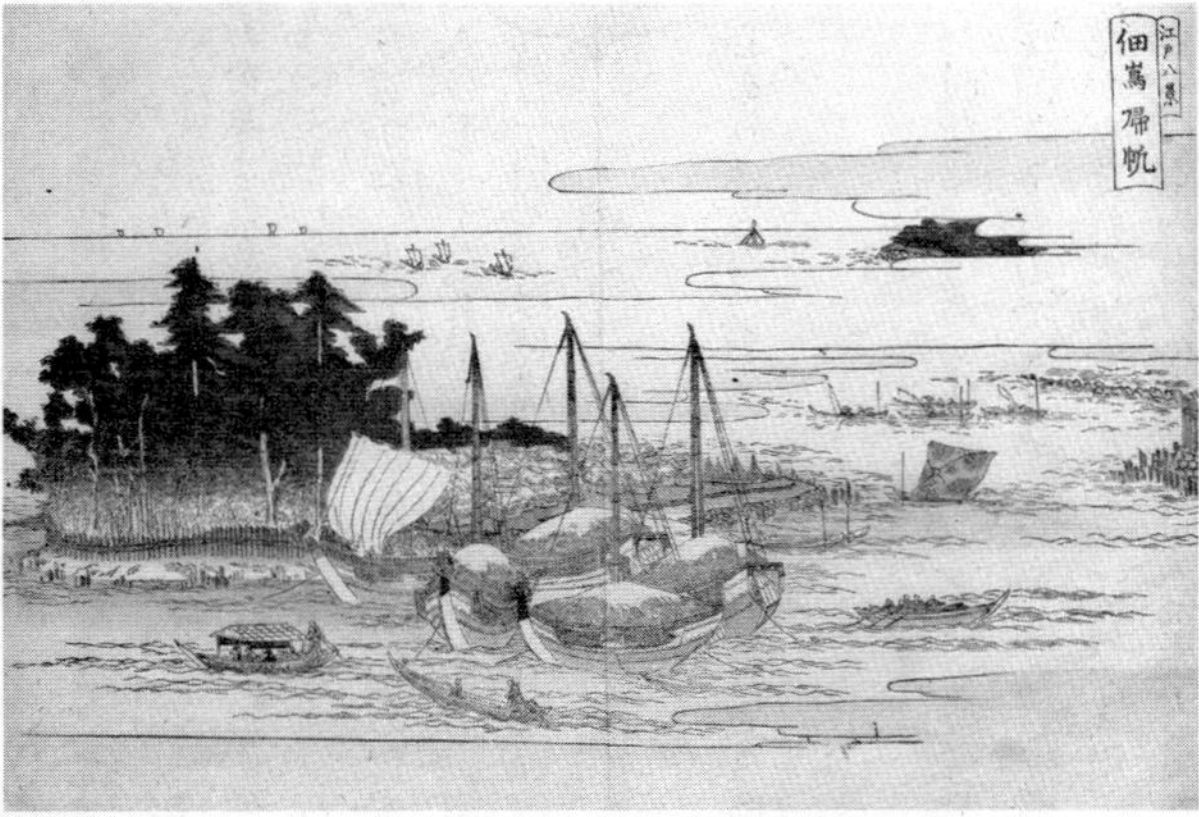

図26　歌川広重『絵本江戸紫 江戸八景 佃島帰帆』（1800年代）。

図27　歌川広重『名所江戸百景』より「佃しま住吉の祭」(1857)。

図28　尾形光琳『白楽天図屏風』(18世紀初期)。根津美術館蔵。

ていたのである。

大仏

当時、日本中でもっとも大きな建造物、京でもっとも参拝者が多かった寺といえば、大仏であった。秀吉が方広寺に大仏を建てたのが一五八六年。日本で最初の大仏は、周知のように平城京（現在の奈良）東大寺のものだが、同様のものは洛陽はじめ東アジアの各首都に見られる。鎌倉の大仏が造立されたのは一二五二年。京ではなく幕府の所在地にすでに大仏が建てられていたわけで、江戸には貴重な前例であった。

江戸に大仏が建造されたのは一六三一年だった。高さ七メートルで、寛永寺境内にあった。しかし、それは一般の人々の立ち入ることができない区域にあり、したがって、その絵もまったく残っていない。度重なる震災で損傷を受けたあげく、戦時中の金属供出令により胴体を奪われたこの大仏は、今日では上野公園内で顔面のみを拝むことができる（図29）。

江戸が公な大仏を持たなかったことには、おそらく多くの要因があるだろう。地震多発地域として、そのような建造物にともなう危険がまずあげられる。奈良では江戸ほど頻繁に地震は起きなかったが、それでも平安時代にあった地震でその頭部が破壊されている。方広寺の大仏も地震で大破してしまった。大仏殿は大きすぎたため、いずれも長持ちしなかった。

鎌倉の大仏は、一四九五年に大仏殿が津波で倒壊してからはずっと野ざらしにされている。奈良の大仏殿は十二世紀に焼失し、再建されたものの、再び十六世紀に全焼。次の十七世紀を通じて大仏は屋外にさらされ、現在も残る大仏殿に収められたのは一七〇九年になってからである。さらなる要因として、徳川家にとって大仏は、秀吉の前例の印象があまりにも強すぎたということもあるかもしれない。

一七九三年になって、目《め》端《はし》の利《き》く江戸の人々がその名も「おおぼとけ」と呼ばれる大仏を建造した。これは徳川幕府お墨付きの公共事業ではなく、品川に一二五一年から続いている禅寺・海晏寺《かいあんじ》の僧たちが観世音開帳《かいちょう》にあわせて作らせたものだった。この大仏は、他の大仏

図29　上野大仏（現存する顔面）。

図30　葛飾北斎『七々里富貴』（1794）。東京都立中央図書館蔵。

図31　鳥居清長『江戸名所集 洲崎』（1780年代）。

のように銅製ではなく、籠細工《かご》と油紙《かっぱ》で作られた。銅はひじょうに高価で手間もかかるが、籠ならば、耐久性に問題があるものの、安価に、比較的短期間で制作することができたからである。残念ながらおおぼとけの姿を描いたものは残っていないが、それにちなんだ（もちろんそれ自体が洒落の）縁起物語が作られており、その何編かに挿絵が付いている（図30）。

にわかには信じがたいが、おおぼとけは高さ四十メートルといい、国内のどの大仏よりも大きかった（奈良は十五メートル、鎌倉は十一・五メートル、京は十九メートル）。実際「かっぱおおぼとけ」は、皆でわいわい見物する「見世物」だった。海晏寺は紅葉の名所としても知られていたが、この見世物見物に際しては群衆の数があまりにも多かったため、それが建つ山全体が真っ黒に見えたという記録まである。当時の噂に、晴れた日には上総《かずさ》や下総《しもうさ》からもその仏頂が見えたといい、また、深川洲崎弁天の境内では望遠鏡でのぞかせて見せたという話も伝わっている（図31）。

この騒ぎを寺社奉行が黙って見ているはずがなく、すぐに取り壊しの命令を下した。したがってこの大仏は、わずか六十日にして解体されてしまった。その五年後の一七九八年には、方広寺の京大仏も焼失している。

江戸は京と城下町の間を行くものでなければならなかった。新しい武士の町であると同時に、伝統と霊気《アウラ》をも必要としていた。江戸はそれを京から借りて、我がものにしたのである。

第三章　江戸聖地巡礼

新開地である江戸には、町に文化的な奥行きを与えてくれる名所旧跡のたぐいが元来ほとんどなかった。古雅な建物もなく、将軍のお膝元、全国支配の中心地としてはいささか寂しいかぎりであった。「古雅な建物」といえばまずは寺社だが、江戸には古い伝統を誇る寺社などなかったのである。

徳川家は、江戸入り（特に家康が江戸幕府の初代将軍となった一六〇三年）以降、この町に幕府の所在地にふさわしい威厳と霊気《アウラ》が形成されるよう努めた。そしてもっとも重視されたのが、聖地としての霊気《アウラ》だった。これなくしては、いくら江戸が大きく発展しようとも人々の畏敬の対象とはなりえず、徳川の治世も安泰とはいえないと考えたのである。

この問題は第二章でもすでに取り上げ、いかにして江戸が京の権威を借りて、歴史的な正統性を瞬時に作り上げてしまったかをみてきた。しかし、本章においては、江戸の神聖化を、借り物ではなく、独自の創作に焦点を当てて考察していく。さほど時を経ることなく、江戸では素晴らしい数々の新しい寺社が創建され、その地に以前から存在していた数少ない寺社も、新たに歴史的な意味づけがなされ、あるいは拡張され、名所として生まれ変わったのである。

江戸の「新しさ」は、決まり文句《クリシエ》の一つだった。江戸開府二百年以上を経た十九世紀の初めになっても、京の旅から戻ったある江戸者は、次のような苦言を呈している。

(京では) 神社仏閣見所多し
(江戸では) 神社仏閣見所なし

いわゆる「三都比べ」においても、京の神聖な奥ゆかしさと、江戸の宗教的な軽薄さの対比は、繰り返し取り上げられた。

しかしながら、すべての決まり文句《クリシエ》と同様、このような江戸の旅人のコメントには検討の必要がある。京の長い歴史はしばしば大げさに強調されがちである。中国や中東、ヨーロッパの基準からいえば、京は決して古い町ではない。一千年の歴史も、町としては何ほどのものではないのである。しかも、京が日本最古の京、まして町というわけでもない。戦国時代に京の町の大半は破壊されてしまっていた。したがって、江戸時代の人々が見た京の町のほとんどは、豊臣時代に再建されたものである。要するに、当時、京の建物の建設された年代は、事実上、江戸の建物が建設された年代と大差はなかったのである。一六〇三年の江戸開府時には、どちらも新しい町だったのだ。京の場所の名前には昔から引き継いだものもたくさんあったのは事実だが、江戸時代中期、江戸から京を訪れた松尾芭蕉は次のような句を詠んでいる。

京にても　京なつかしや　ほとゝぎす

京に身を置きながらも、そこに京は存在していないかのような不思議な感覚を覚えたわけである。

また、京の主要施設や機関は、そのほとんどが中世かそれ以降に創設されたもので、とりたてて「なつかし」というほどのものではなかった。たとえば、相国寺《しょうこくじ》（十四世紀）、東西の本願寺や大仏の方広寺（十六世紀後期）など、大寺院のほとんどがそうである。

さらに、右で紹介した二人の江戸者が京を訪れた時期にはさまれた一七八八年、天明の大火が京の町をすっかり焼き尽くしてしまった。したがって、これ以降、豊臣時代に再建された建物さえもほとんど残っていなかったのだ。実際、現在の京の町中には、一七八八年以前に建てられた建物はほんの五、六ヵ所しか残っておらず、豊臣時代以前のものはさらに少ない。

江戸の宗教地図

徳川家は、不思議なことに、江戸開発に際して、近隣の鎌倉をほとんど利用しなかった。鎌倉には多数の寺社や仏像・聖像があり、深い信仰やさまざまな霊験の長い歴史もあったのだが、ほとんど無視されてしまったのである。

　これには多くの理由が考えられるが、その一つとして、鎌倉の地理的な位置が関係しているだろう。江戸の南西に当たる鎌倉は、陰陽道的には無用の土地だった。寺社の由緒には申し分なく、また距離的にも近かったが、江戸を中心とした防御システムの一部としては機能しえなかったのである。そのような機能を果たすには、神聖な場所がたくさんあるだけでは駄目で、そのような場所が適切な方角になければならなかったのだ。

　この意味でむしろ重要だったのは、江戸の北方に位置する川越だった。第二章で触れたように、古い歴史を誇る川越の喜多院は、江戸時代以前から天台宗の関東総本山で、京の天台宗総本山比叡山に対して「東叡山」と呼ばれていた。徳川家はこの喜多院を援助して、その運営に多額の寄付をし、その貫首には家康の相談役を務めた天海《てんかい》はじめ代々重要な僧侶があたった。後ほど深く考察するが、北は陰陽道上重要な方角だったのだが、川越の位置は実際には江戸の真北ではなく北西寄りだったので、江戸神聖化の事業には多少役者不足であったことを付け加えておきたい。

江戸唯一の本当に古い寺院、浅草寺の僧侶たちは、徳川の江戸入りを自らの寺の格上げに利用しようと知恵を集めた。最初に、浄土宗とは通常無縁ながら、鎮護国家の特別な儀式に通じていると主張した。家康の権力が増大するにともなって、その祭式の一切を引き受けていた浅草寺の権威も増強された。そして、関ヶ原の決戦への出兵前に、家康は浄土宗の高僧・存応《ぞんのう》に戦勝祈願を行わせた。周知のようにこの戦いは家康の大勝利に終わり、以後、家康および二代将軍秀忠は、浅草寺に多額の寄付をした。

そもそも浅草寺の名声は、単なる歴史的古さだけではなく、その本尊にも由来している。徳川時代の何百年も前から、浅草寺の本尊は奇跡を起こす観音像として知られ、地元の人々の信仰を集めていた。

言い伝えによれば、六二八年、檜前浜成《ひのくまはまなり》・竹成《たけなり》という兄弟が、隅田川で漁をしていたが、一向に魚が獲れない。やけになりながらも、再び網を投げると、今度は小さな観音像がかかった。二人は驚きと恐怖のためその像を川に戻し、別の場所を探して、再び網を投じた。すると、今度も魚は獲れず、代わりに先ほどの観音像がかかった。再度その像を川に投げ捨て、川の別の場所に移動して網を打ったが、またしても観音像を引き上げてしまった。これが七回も繰り返され、さすがに兄弟も、何らかの神の思し召しだろうと思い、その像を岸へ引き上げ、木の下に祀り、二人そろって祈りを捧げた。するとその日から、二人が漁に出るたびに大漁となり、これはその観音像のおかげに違いないと兄弟は考えた。

噂はたちまち広まり、土地の人々も観音像に花や祈りを捧げるようになった。やがて、村の長《おさ》が世話人となり、観音像を安置するため自らの家を寺とした。このように、創設の過程が偶発的で、正式な僧も名の知れた開山者もいなかったため、この寺には正式な名前がなく、村の名前から取って「浅草寺《あさくさでら》」と呼ばれていた。そしてこれが、格式張った音読みに直されて、「せんそうじ」と呼ばれるようになったのである。この寺は、当時から現在まで、一般には「浅草《あさくさ》観音」という名で親しまれている。

檜前兄弟が観音像を発見して二十年後、旅僧・勝海《しょうかい》がこの地を訪れて寺を整備し、この時をもってこの寺は正式に仏教信仰に組み込まれることになった。勝海は観音像を自らの側へ置き熱心に拝んだが、その結果はご利益《りやく》どころではなかった。彼はまもなく失明してしまったのである。その夜、観音が苦悶する勝海の夢に現れ、自分は人に見られることを望まないと告げる。観音は勝海の視力を回復させたが、この像に畏れを感じた人々は、これを秘仏としたのである。

この伝説がいつ頃までさかのぼるのかは明らかではないが、江戸時代にはすでに広く伝わっていた。『江戸名所図会』の中でも挿絵入りで大々的に取り上げられている（図１・２）。

このように徳川家は、その武運を祈願し城と町を守るのに必要な、伝統的にも地理的にも申し分のない寺を備えていたわけである。しかし、前章で触れたように、浅草寺もいくつか

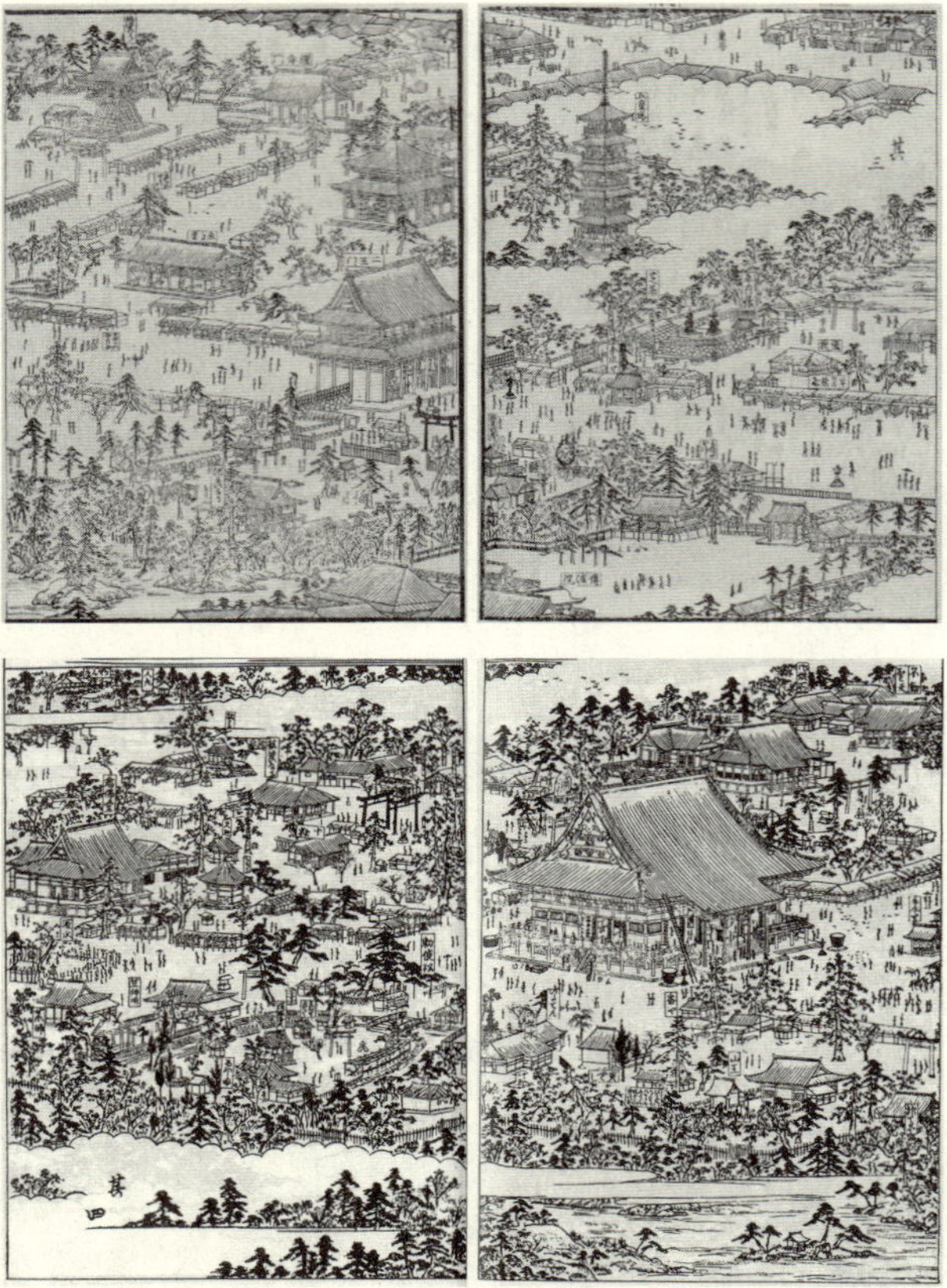

図1・2　長谷川雪旦・雪堤画、斎藤幸雄他編『江戸名所図会』(1836) より「金龍山浅草寺」。

の問題を抱えていた。まず、確かに浅草寺は城の北東方面に位置しているのだが、厳密には心持ち東寄りである。すなわち、正確には鬼門の方角ではないので、その鎮護には役者不足の感がある。第二に、鬼門を守る寺は、京の延暦寺のように山上に建っていなければならない。ところが、浅草寺は川沿いの平坦な地にあり、しかも城よりも低い位置にあった。第三に、観音菩薩は民間信仰の対象である。浄土宗を信仰する徳川家は、これを身近に感じたかもしれないが、あくまでも仏（如来）ではなく菩薩であり、公的な信仰向きではない。江戸の鬼門を守る寺には、もっと位の高い本尊が必要だった。最後に、全国の城下町の鬼門に建てられた寺にはさまざまな宗派のものがあったが、禅宗がもっとも一般的だった。しかし、江戸の場合、京との類推《アナロジー》から天台宗でなければならなかった。

　この中途半端な状態はおよそ三十年間も続いた。そして、三代将軍家光の代になって三年目の一六二五年、ようやく浅草寺の問題が解決をみた。家光の命により、町の北東部の山上に天台宗の新寺院の建設が始まったのである。好都合にも、城の北東に小高い山の連なる上野という地域があり、この場所に定められた。この寺が寛永寺である。本尊は薬師如来で、神格化した家康、すなわち東照大権現《とうしょうだいごんげん》の本地《ほんじ》仏《ぶつ》だった。第二章でも述べたように、寛永寺という名称は、開山時の年号から名づけられた京の延暦寺（延暦年間七八二―八〇六）に倣って、寛永年間（一六二四―四四）から取られたものである。さらに、これも先述したように、延暦寺の山号が比叡山であることから、江戸の寛永寺を東叡山とした。もともと東叡山という山号は川越の喜多院のもので、そこは天台宗の関東総本山でもあった。しかし、上野の山の開山により、山号も総本山の地位も寛永寺に取られてしまった。この新寺院の建設には五万両が注ぎ込まれたという。

この寛永寺の創設によって、鬼門の鎮護が万全となり、江戸を神聖化する基本となる第一歩を踏み出した。幕府もまた霊的な護りを獲得したが、それは新しくはあったが威厳に満ち、格式高く、平和的なものだった。江戸が大きくなるにつれて、浅草寺へは参拝者が押し寄せ、その界隈も当初は町の外側だったのが、多くの住人や商店でにぎわうようになった。さらに、寛永寺の完成によって、徳川家は、浅草寺を民間の信仰に明け渡した。こうして浅草寺はにぎやかで、ときに卑俗ともいえる信仰の場となった。寛永寺本堂は民衆に開放され、見世物などの庶民の娯楽の場ともなったが、それでも浅草寺に比べると静謐《せいひつ》で上品だった。

寛永寺は幕府より寺領五千六百石を与えられていたが、浅草寺に下されたのはわずか五百石にすぎなかった。したがって、浅草寺は生き残りをかけて商売に精を出さざるをえなかった。そこで、雷門から本堂まで続く有名な商店街（仲見世通り）が、寺領内に形成されたのだ。『江戸名所図会』などの描写を比べてみると、これら二つの寺の雰囲気の違いがよくわかる。

浅草寺は騒々しく人であふれている。もちろん祈っている者もいるが、ただ楽しみだけで来ている者も多いようだ。これとは対照的に、寛永寺には厳粛な雰囲気が漂う。我々に見えるのは到着したばかりの大名行列だけで、寺の建物自体は雲の中に隠されている（図3）。「不在の図像学」の観点からみると、概して寛永寺の描写は少なく、浅草寺の描写は多い（もちろん秘仏である本尊の姿を描いたものは皆無だが）（図4・5）。さらに、寛永寺を描いた作品のほとんどは、本堂ではなく、清水堂や不忍池など、境内とその周辺にある名所を題材としていて、全景が描写されている場合も慎み深く敬意が感じられる（図6）。

　時とともに、浅草寺も寛永寺も大きく発展し、まもなく両者の境界が触れ合うほどになった。これに目を付けたのが次の芭蕉の有名な発句である。

　　花の雲鐘は上野か浅草か

　二つの大寺院が隣り合わせで並んでいれば、当然両者の間に競争が起きた。浅草寺は、過去にその特別な地位が奪われた苦い経験から、特に競争心が強かった。そこで幕府は両者の格付けを公的に明示し、浅草寺を寛永寺の下に置いた。また、寛永寺は法親王を貫首とする門跡《もんぜき》となった。すなわち、一六四七年、内裏・後光明院《ごこうみょういん》の弟が貫首となったのである。浅草寺はこれに反発したが、どうすることもできなかった。

　しかし、その後も両者の競争は悪化し、とうとう一六八五年には浅草寺の貫首・忠運《ちゅううん》が反

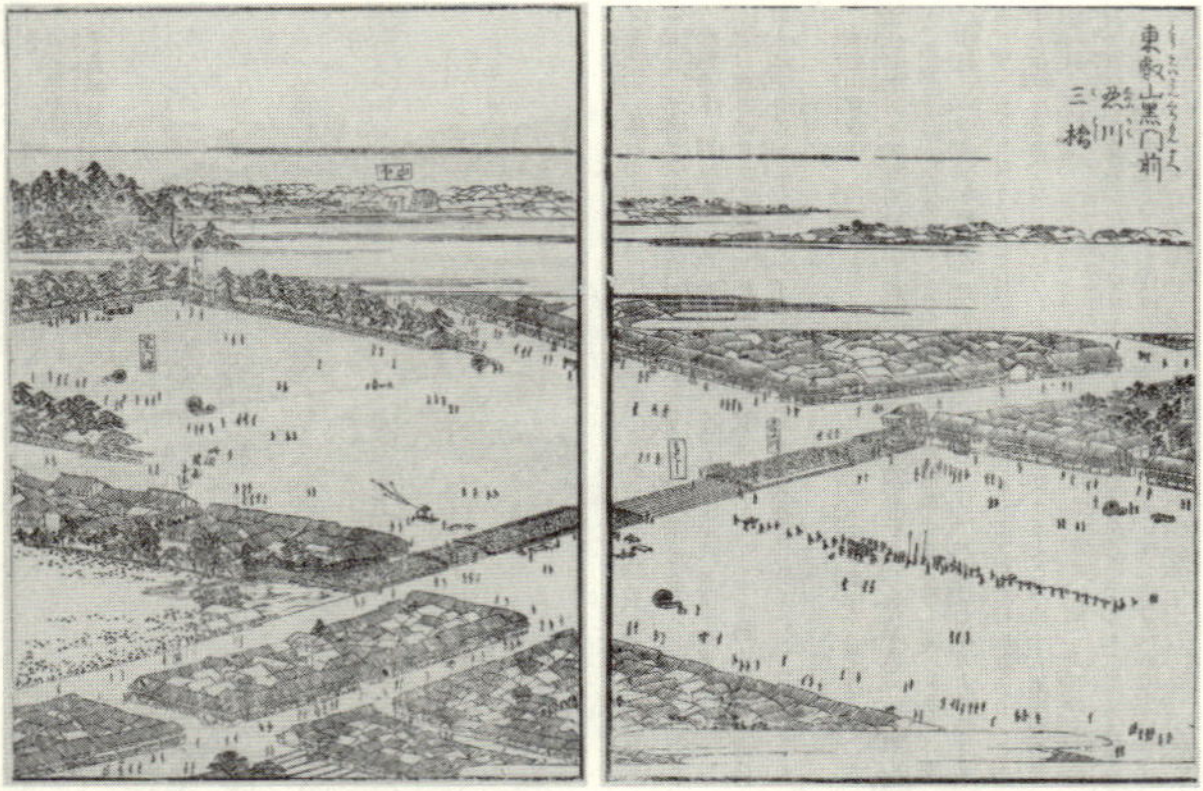

図３　長谷川雪旦・雪堤画、斎藤幸雄他編『江戸名所図会』（1836）より「東叡山黒門前」。

図４　歌川豊春『金龍山開帳之図』（1760年代）。

図５　歌川広重『名所江戸百景』より「浅草金龍山」（1856）。

図６　歌川広重『東都名所 寛永寺境内図』（1830頃）。

旗をひるがえし、寛永寺に追従する地位を覆そうとした。この反逆は失敗に終わり、忠運は僧籍を追われた。一七四〇年には、浅草寺の貫首の地位が廃され、代わりに寛永寺から派遣された副貫首が取り仕切るようになった。

浅草寺と寛永寺は相互に協力し合って、幕府と町人の宗教的要求に応えることが期待されていた。共に、城・町・政体の鬼門を鎮護する任務を負っていたのだ。これらの地域の向こう側には悪い気を発すると考えられた場所が据えられていた。非人の集まる千住と、郭《くるわ》の新吉原である。こうして、江戸の町は、悪い気の通りを防ぐことができたのである。

裏鬼門

鬼門の処理が一段落すると、次の段階として裏鬼門を守る必要があった。ここでも徳川幕府はすでに存在していた増上寺《ぞうじょうじ》を利用した。この寺の縁起は明らかではなく、特別有名な本尊もなかったが、創建が古いことは確かで、おそらくは鎌倉時代にまでさかのぼるだろうといわれている。もともとは麴町《こうじまち》から平河町のあたりに開山された真言宗の寺で、光明寺《こうみょうじ》と呼ばれていた。一三八五年に増上寺と改名され、宗派も浄土宗に変わった。徳川家が関東入りした当時、前述の存応がこの寺の貫首だったが、家康はこの名僧に感銘し共に学ぶようになった。

浄土宗の寺として、増上寺も徳川家と密接な関係をもった。その山号を三縁山《さんえんざん》といい、偶然かもしれないが、この名は徳川家の郷里の三河を彷彿《ほうふつ》させる。増上寺は徳川家の菩提寺となった。

しかしながら、浅草寺同様、増上寺の地理的な位置も微妙だった。江戸城から見ると、裏鬼門である南西よりも西に少しずれていたため、厳密には陰陽道の理にかなってはいなかった。そこで、一五九八年、鬼門の問題が解決されないうちに、増上寺を現在の芝に移動して裏鬼門をより正確に定めた。江戸初期には、実際の危険は兵士を乗せた船というかたちで、北東ではなく南西から来る可能性が高かったので、この増上寺移築は慎重に行われた。

江戸開府の一六〇三年、増上寺は広大な土地を与えられ、一万五百三十石もの年収を得るようになり、常時三千人の僧を擁していた。また、巨大な山門と素晴らしい経蔵も贈られた。この山門は一六二二年に再建されたものが現在でも残っている（図7・8）。さらに、増上寺は浄土宗の関東総本山となった。この一地方の総本山は規模からいうと、全国の浄土宗総本山である京の知恩院《ちおんいん》よりも大きかった。

やがて、増上寺から品川の江戸湾にかけての地域には、多くの寺院が林立するようになった。なかでも有名なのは禅宗の東海寺《とうかいじ》で、一六三八年開山、その際、沢庵《たくあん》という京の名僧を貫首に迎えている。沢庵は小堀遠州《こぼりえんしゅう》を京から呼んで、寺の造園を依頼した。この有名な造園家による庭園は、江戸ではこの東海寺のものだけで、多くの人々が庭園を見るために寺を訪

図７　昇亭北寿『東都三縁山増上寺図』（1830頃）。大英博物館蔵。

図８　増上寺山門（1622）。

れたという。禅僧沢庵と彼が発明したとも言われている漬け物のタクアンは、共に江戸の人々に愛され、その墓石は漬け物石を思わせる自然石である。東海道に旅立つ者は、必ずこの寺に立ち寄り、旅の安全を保障する聖獣・白沢《ハクタク》のお守りを買い求め、江戸に到着した旅人は、旅の無事に感謝を捧げた（図9・10）。

江戸北東の浅草寺と寛永寺の向こうに悪所などが発展したように、これら南西部に建てられた寺社群の向こう側にもそうした場所ができた。千住につぐ二つ目の非人溜、鈴ヶ森の刑場と、品川の郭《くるわ》である。

北東部と南西部のこれら二つの聖地は、それぞれにいくつもの寺社が集まり、江戸の城・町・政体鎮護にもっとも根本的に関わるものだった。江戸が安全で、その地を中心とした支配体制が末永く続き、しかも美徳に満ちたものであることを保障したのである。周知のように家康の墓は日光にあるが、二代将軍秀忠は、一六三二年の没後、徳川家の菩提寺である増上寺に埋葬された。残念なことに、秀忠の墓所は調査が完了しないうちに第二次世界大戦で破壊されてしまったが、その写真は残っており、それを精確に再現した二十世紀初頭の模型もロンドンにある（図11）。

三代将軍の家光は、家康（東照大権現）への並々ならぬ愛着から、日光に埋葬されることを望んだ。四代家綱《いえつな》は、一六八〇年に没したが、その埋葬場所に関して議論が起きた。菩提寺である増上寺に埋葬されるのが筋なのだろうが、最終的にはどういうわけか寛永寺が遺体

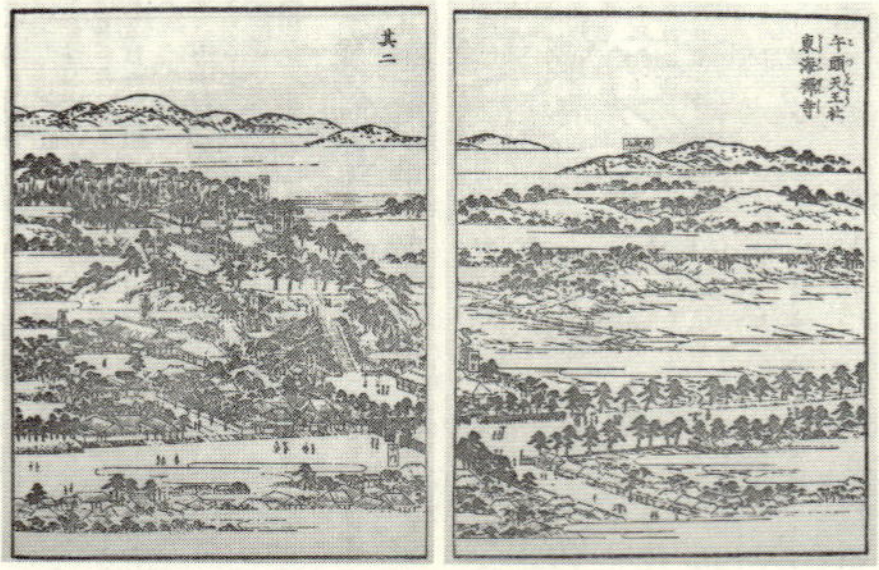

図９　長谷川雪旦・雪堤画、斎藤幸雄他編『江戸名所図会』（1836）より「東海禅寺」。

図11　台徳院（模型の写真）。*Illustrated London News*（1910）。模型は英国王室蔵。（*Orientations* 35, jan/feb 2004, p. 34）

図10　礒田湖龍斎『白沢図』（1780頃）。

を引き受けることになった。一七〇九年に没した五代綱吉《つなよし》も同寺に埋葬され、以来、上野と芝の二寺院のいずれかに埋葬されるのが慣わしとなり、ときにはどちらが葬儀を引き受けるかをめぐって競争が起きることもあった。

六代家宣《いえのぶ》（一七一二没）と七代家継《いえつぐ》（一七一六没）は共に増上寺に、八代吉宗《よしむね》（一七五一没）は寛永寺に埋葬された。その後の将軍の菩提寺は以下の通りである。九代家重《いえしげ》（一七六一没）と十二代家慶《いえよし》（一八五三没）、十四代家茂《いえもち》（一八六六没）が増上寺、十代家治《いえはる》（一七八六没）、十一代家斉《いえなり》（一八四一没）、十三代家定《いえさだ》（一八五八没）が寛永寺となっている。それら将軍たちの遺体はミイラ化され、鬼門と裏鬼門に据えられた二つの寺の鎮護の力の増強に一役買うこととなった。

久能山と日光

徳川幕府は、自らの治世を神聖なものとするために、もう一つの強大な力をもっていて（というより、それは自分たちで作りあげた力だったのだが）、それを自由に使うことができた。すなわち、一六一六年に行われた家康の神格化である。この決定は家康にきわめて強大な鎮護の力を与え、同時にその埋葬の地が特別な重要性をおびることになった。

一六一六年、家康は隠棲先の駿府城で死去した。彼を神格化することに関してはおおむね合意ができていたが、神格化の種類については異論があり、僧侶たちの間で意見が分かれた。周知のように、最終的には喜多院の貫首を務めた天海の意見が通り、秀吉と同じ明神にという強い意見を抑え、権現《ごんげん》もしくは大権現《だいごんげん》とすることに決まった。家康は正式には東照大権現と命名された。この名称は、家康と関東の結びつきと、彼が江戸とその周辺部を守る神であることを明示するものであったと同時に、天照《あまてらす》（江戸時代には一般に「てんしょう」と呼ばれていた）とのつながりも強調されている。すなわち、天照《てんしょう》が日本全国を照らす神なのに対して、東照は東《あずま》を照らすものとされたのだ。

本地垂迹説《ほんじすいじやくせつ》によれば、神、特に権現は、仏の仮の姿の一つとされた。東照大権現は、ある特定の本地仏の垂迹でなければならなかった。仏教において仏はさまざまに姿を変えたが、日本において重要な如来は五仏あった。まずは、釈迦、薬師、阿弥陀、弥勒の四仏である（厳密には弥勒は「菩薩」だが、如来になるすぐ前の姿なので仏の中に数えられることも多かった）。これらの仏はしばしば一堂に集められたが、その場合、安置される場所が決まっていた。すなわち、釈迦が南、弥勒が北、阿弥陀が西で、薬師が東だった。この並べ方は古来のもので、法隆寺の金堂でもこの四仏がそれぞれの方角の壁に描かれている。

五仏目が大日《だいにち》如来である。大日はもっとも偉大であらゆる方角に有効なので、東西南北のどの方角にも配置されていない。ただ、その名の太陽との関連から上方に位置づけられる。

浄土宗を信仰した徳川家は、東照大権現を阿弥陀如来と関係させることを望んだであろう。しかしこの望みは新たな問題を生んだ。それぞれの仏の位置は、それらの極楽があるという方向を表している。阿弥陀如来の極楽である「浄土」は西方にあった。これは東にある江戸にとっては不都合である。

さらに、阿弥陀如来は豊臣秀吉と強く結びついていた。一方、天照大神《てんしょうだいじん》は太陽神であることから、大日の垂迹と見なされていた。したがって、方角からいえば、東照大権現は東の仏の垂迹で、薬師如来を本地仏と定めるのがもっとも理にかなっているといえる。そうすることによって、長期にわたる戦乱で血を流し病んでいた国を、家康が治療したという物語も成立する。

すなわち、家康は、天下の健康を回復させ、下克上という病に終止符を打った、優秀な医者なのである。薬師如来は広く信仰を集め、医王《いおう》とも呼ばれた。これら東の方角との関連は、徳川幕府の政治的意向に添うものだった。足利家のように「日本国王」と名乗ることはなかったが、こうした王権的な要素が徳川家の神話の中に織り込まれていたことも否定できない。寛永寺創建にあたり、その本尊は薬師如来と決められた。

天海は、家康の死後まもなく、その遺体を駿府城から運び出し、薬師如来の極楽のある東方へ移動した。海に突き当たりそれ以上進めなくなった所に墓所を定めたが、そもそも駿府が海岸に近かったため、この場所は駿府からほんの二、三キロ東にある。またもや幸運なことに、その地には久能山《くのうさん》という山があり、その上には祠《ほこら》が立っていた。この神社は、家康の遺体を安置するため、大規模で立派な建物に建て替えられ、東照大権現を祀った神社・東照社となった。神社の隣には、薬師如来のために美しい仏塔をもつ寺も建てられた（図12）。

こうして久能山は、壮麗な建物を擁し、徳川家の聖地として生まれ変わった。しかし、またもや陰陽道上の問題が浮上した。久能山が、江戸ではなく駿府との関係で選ばれたということである。久能山は江戸の南西に位置したが、江戸の裏鬼門からも大分離れており、江戸を中心に考えると陰陽道上の意味はまったくなかった。東照大権現と家康の遺体の霊験は、あくまでも江戸との関連で意味あるものでなければならなかった。でなければ、町の創始者の神の力が十分に生かされないからである。かくして、埋葬から一年後、家康の遺体は掘り起こされることとなった。天海ははじめから計画されていたと言っているが、真偽のほどは定かではない。久能山に移したときには、東照大権現を東の方角と結びつけた。しかし、遺体の度重なる移動によって、さらなる意味が重ねられた。その移動先は、ご存知、日光である。

日光は江戸から遠く、歩いて三日の道のりだった。しかし、古来の聖地で、八世紀より数数の寺社が建設された日光は、鎌倉時代に幕府の庇護を受けて発展したが、戦国時代にはほとんどが廃墟となっていた。さらに日光がもつ決定的な重要性とは、江戸の真北に位置していたということである。これは弥勒菩薩の方角だった。弥勒菩薩がこの世に出現して人々を救うという予言のように、徳川家は衆生に平和と幸福の時代を到来させたというのである。

図12　華亭陣人画、梅涯居士著『山水奇観後編』（1801）より「駿河久能山」。

古来、北の方角は治世者との関係が深かった。それは北極星が、夕方一番に空に現れ、同じ場所に留まる唯一の星で、他の星はすべてそれを中心に回るものだからだ。今日我々はその事実を忘れがちだが、昔の人々は方向を見極めるにあたってこの星を利用してきた。北極星の位置が人々の行動を導き決定してきたのである。同様に、一国の主も衆生の上に立つ不動の存在で、万人・万物はそれを中心に回る。こうして東方の癒す力とされていた東照大権現は、江戸を中心に見たときに北方に位置する支配者としての力をも獲得したのである。

さらに、久能山と日光を結ぶ直線は、ちょうど富士の山頂を通る。久能山は海の側で、「潮見《しおみ》」、すなわち家康にとって「死を見」の場所である。その遺体は、死の一年後、「不死」(ふじ=富士)の山を越えて、日光で江戸の守護神として永遠の存在となった。もちろん遺体が文字通り富士の山頂に登ったわけではないのだが、この移動が象徴するものは明白である。また、家康の遺体は、日光へ向かう途中、喜多院へも立ち寄った。当時の喜多院は、まだ東叡山と呼ばれており、天台宗の関東総本山だった。日光では、もともとあった寺社を利用して、新しい東照社(後に東照宮に昇格)が建設された。

日光をはじめ全国各地の東照社(後に東照宮)は、いずれもひじょうに神聖なものと見なされており、その境内への出入りは厳しく制限されていた。入場を許された人々も、たいがいは外門止まりで、それでもあまりにも畏れ多く、その経験に関して多くを語ることはほばかられた。したがって、東照宮参拝に関する絵や文章はほとんど残っていない。

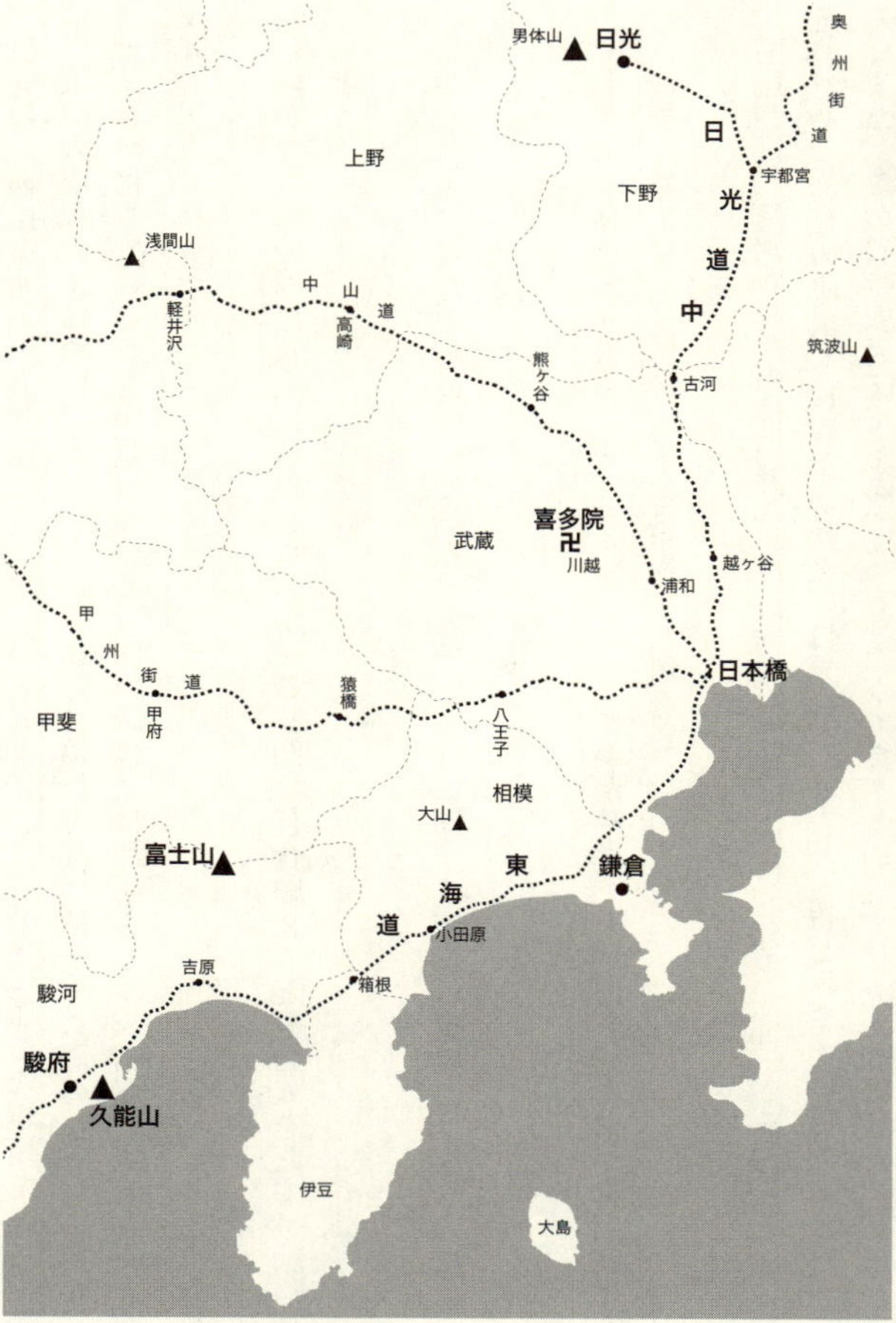

地図Ⅳ　駿府から日光まで

日光は、松尾芭蕉が『おくのほそ道』（一六八九）で最初に逗留した場所である。芭蕉は、東照大権現のまばゆいばかりの力が、まるで穢れを洗い落とす太陽のように、いかに日光全体を浄化しているかを物語っている。江戸時代にはめずらしく、宿屋の主人さえもがよい心ばえである。

いかなる仏の濁世塵土《じょくせじんど》に示現して、かゝる桑門《そうもん》の乞食順礼《こつじきじゅんれい》ごときの人をたすけ給ふにや

と

しかし芭蕉は日光の町について語るのみで、寺社に関する言及は次のようなものに限られる。

千歳未来をさとり給ふにや、今此御光《いまこのみひかり》一天にかかやきて、恩沢八荒《おんたくはっこう》にあふれ、四民安堵の栖《すみか》穏《おだやか》なり。尚憚《はばかり》多くて筆をさし置きぬ

芭蕉が日光に到着したのは旧暦四月の最初の日（陽暦では五月十九日）と記録されている。そのため、初夏の陽射しに青葉が映え、日光はより美しく親しみやすい雰囲気となっている。また、この日は衣替えでもあった。したがって、冬の衣で日光に到着した芭蕉は、次の

朝、はじめて夏の着物に袖を通し、寺社へと向かったわけである。周知のように『おくのほそ道』が虚実混合であるとすれば、芭蕉が日光到着をこの日に設定したことには大きな意味があるといえよう。芭蕉は、日光を全国で最初に夏を迎え光あふれる場所としたのである。『おくのほそ道』は江戸時代の人々に広く知れ渡り、多くの熱心な俳人たちが、芭蕉が辿った道を、芭蕉が立ち寄った季節に合わせて巡るようになった。俳諧において、日光は新緑や陽光と結びつけられ、夏を想起させるようになった。しかし、実はこの日光の暖かさや明るさは、逆説的なものなのである。この時期の日光はまだ肌寒い日も少なくないのだが、東照大権現の霊験によって夏の気候がもたらされるというわけである。さらに、家康の命日が四月十七日なので、日光の祭事の数々は、この夏の時期に集中している。

また、日光には輪王寺《りんのうじ》がある。すでに薬師如来にまつわる寺が別にあったので、それを本尊にすることはできなかった。この寺の本尊は、阿弥陀如来、千手観音、馬頭観音の三つで、三仏堂と呼ばれる本堂に安置されている。

輪王（または天輪王）とは仏教においてひじょうに重要な古代インドの伝説上の国王である。全宇宙を治める王として、この世がよく統治され寺院がよく機能するよう目を光らせている。家康の霊を祀る寺にこのような名前を付けることは、すなわち家康とその後継者に王的な地位を与えることに他ならない。

京の内裏《だいり》も、都の真北に鞍馬寺《くらまでら》という寺を持っていた。その寺は当時から火祭で有名で、火との関連から、太陽（日）とも結びつけられた。太陽は唯一無二なわけだが、徳川家は、「日光」という名前をはじめさまざまな形で自らを暖かさと明るさのイメージと結びつけることによって、内裏という特別な地位を脅かす存在となったのである。輪王寺もまた門跡となり、内裏はその第二皇位後継者たる男子を貫首として送らなければならなかった。すなわち、内裏はその息子たちの中から一人を後継者とすることが許されていたが、それが第一子である場合は第二子を、第二子以下に定めた場合は第一子を日光へ送ったわけである。

薬師如来は日光の三仏にこそ入っていないが、不在というわけではない。江戸時代の日光曼陀羅には、普通、三仏のほかに薬師如来も描かれていた。

そもそも日光は療養の場として昔から有名だった。日光には、日本列島でも有数の幅広い植物の生態系が見られ、薬師《くすし》たちは薬草採取のためその地へ出かけていった。江戸に徳川家が居を定め、町が発展するにともなって、より多くの薬師や医師が日光の薬草を利用するようになった。また、病人たちも、薬を直接手に入れるためその地へ自ら出向いていくようになった。さらに、輪王寺を開山した勝道上人《しょうどうしょうにん》によって七八八年に温泉が発見されて以来、日光はミネラルが豊富な温泉地としても有名だった。病人たちは日光で真の癒しを得ることができたわけである。

このように東照大権現は神として崇拝されるようになったが、徳川家はその先祖の姿が広く一般に流布することは望まなかった。もちろん、徳川家には家康をモデルにした東照大権現の絵が何枚か残っており、特に家康神格化に重要な貢献をした三代将軍家光は、御用絵師・狩野探幽《かのうたんゆう》に命じて制作させた(図13)。

しかし、これらは一般大衆に見せるためのものではなかった。そこで一般公開用には、薬師如来の姿が代わりに描かれた。家康に似せた東照大権現像の中に、青い衣を纏《まと》っているものがあることに注目してほしい。青色は薬師如来の浄土、東方浄瑠璃《じょうるり》世界の色である。薬師如来は「瑠璃光の仏」なのである。寛永寺の金堂が「瑠璃殿」と呼ばれるのも、それが薬師如来を安置していたからだ。

日光には多くの薬師如来像があるが、その一つについて説明したい(図14)。この薬師は、青い光を放ち、左手には瑠璃でできた薬壺《やつこ》を持っている。落款は「御絵所法橋了琢《おんえどころほっきょうりょうたく》」とあるが、これは木村了琢のことである。木村了琢とは、日光の絵仏師の家の家長が代々引き継いだ名前であるが、その絵の日付が一七一五年なので八代目了琢を指していることがわかる。一七一五年は、家康の死後、数えでちょうど百年目にあたる。この絵はその百年回忌に奉納されたものである。画寸はひじょうに大きく二×一・五メートルもある。したがって、「霊夢像」と違って個人的な鑑賞目的ではなく、何らかの公的な展観のために描かれたものだろう。ある意味でこれは人間家康自身の姿だと考えられる。他の大型の薬師如来像は、それぞれ百五十回と二百回忌を迎えた一七六五年と一八一五年に制作されたものである。

東照宮は、大半の人々が中に入れなかったにもかかわらず、大勢の巡礼者を集めた。これ

図13　狩野探幽『東照大権現像（霊夢像）』（1642）。日光東照宮蔵。

図14　木村了琢『薬師如来像』（1715）。日光東照宮蔵。

は東照宮に限らず、天照《てんしょう》を祀った神社である伊勢神宮においても同じである。特権階級の人々のみが内部に進むことができたわけだ。それにしても日光への道は険しく、その気候も一年の大半は寒く厳しかった。実際、この理由から、輪王寺の門跡は日光ではなく江戸に住んでいた。そこで、東照宮は勧請《かんじょう》され、川越の喜多院、京の金地院《こんちいん》と高野山、江戸の鬼門と裏鬼門にあたる寛永寺と増上寺に、それぞれ建てられた（金地院の貫首は崇伝《すうでん》で、家康に仕えたが、家康の死後、その神号をめぐって天海と争い、敗れた）。全国の大名たちも自分の城下町へ次々に招請したため、江戸時代の終わりには三百もの東照宮が各地に存在したという。また、将軍にしても、日光はもとより江戸の寛永寺や増上寺でさえ、足繁く出向くことはかなわず、江戸城内にも東照宮が設けられることになった。

開帳

寺社の建設は、江戸を神聖化する常套手段だったわけだが、ひじょうに多くの金銭と時間が費やされる大事業でもあった。さらに、それら新名所に必ずしも歴史的に重要な像があったわけでもなく、本尊に特別なご利益や霊験がない場合も多かった。浅草寺にはそうした本尊があったが、秘仏のため誰も見ることはできなかった。増上寺には、黒本尊《くろほんぞん》と呼ばれる、家康自らが尊崇した仏像が奉納されていた。これは小さな阿弥陀如来像で、『往生要集《おうじょうようしゅう》』

（九八五）を著した浄土宗僧恵心《えしん》の作と伝えられ、安国殿《あんこくでん》に安置されていた。しかしこれもまた秘仏だった。黒本尊の開帳は滅多になかったため、厨子《ずし》の前には代替の像「御前立《おまえだち》」本尊が安置された（図15）。

江戸には霊験あらたかな仏像の数がひじょうに少なく、その少なさゆえに、江戸の人々はそれらを実際に拝む機会にも恵まれなかった。この点からしても、江戸はまたもや京に遅れをとることになったのである。そこでその解決策として、開帳《かいちょう》というものがあった。開帳とは、期間を限定して秘仏を一般に公開することである。今日、家康の黒本尊は一年に三回開帳されている。このように本尊をそれを安置する寺院が公開することを本尊開帳と呼んだ。また、本尊ではないが、特別な霊験によって尊崇された秘仏も、同じように公開されることがあった。

開帳は人集めにはひじょうに有効な手段で、人が集まれば賽銭《さいせん》も集まったため、祭事や大改修などの資金調達のため開かれることが多かった。さらに、開帳は本来宗教的な行事だったのだが、流行に敏感な人なら行かずにはおれない美術展のようなものでもあった。寺院は「開帳」と大書した幟《のぼり》を立て、このイベントを宣伝した（図16）。

開帳はさまざまな都市で行われたが、その中心は何といっても江戸だった。江戸での開帳は大勢の人々でにぎわい、特に実入りがよかったので、わざわざ京などの寺院が仏像を江戸へ送り「出開帳《でがいちょう》」を催した。浅草寺は、常に多くの群衆を集め、遊園地のような雰囲気にな

図15　増上寺安国殿。黒本尊は厨子の内に納められており、見ることができるのは「御前立」本尊だけ。

図16　竹原春朝斎他画、秋里籬島著『拾遺都名所図会』(1787)より。右図上方の幟に「開帳」の文字が。

ってしまうことにも特に抵抗を示さなかったため、多数の出開帳の会場となった。

しかし、出開帳の本場といえば、回向院《えこういん》である。この寺は川向こうながら交通の便のよい両国橋のたもとに、一六五八年、前年の明暦の大火（振袖火事）の犠牲者を鎮魂するために建立された。当時、多くの江戸者の親戚縁者がそこに葬られていたわけである。しかし、新しい江戸の水準からしても、回向院は新しすぎた。そこで、この寺は、非業の死を遂げた人々や無縁仏の鎮魂へ手を広げるとともに、出開帳を何度も開催するようになったのである。

江戸へ出張してきた仏像の中には、有名な逸品がいくつもあった。一時的なこととはいえ、それらが町中にあるということで町は浄化されたのである。清水寺の本尊も、一七七五年、回向院へやって来ている。

一七九六年、長崎のオランダ商館長（カピタン）は、仏像の霊験を信じているわけではなかったろうが、『オランダ商館日記』に次のように記している。

一体の日本の神が、さまざまな祭事が執り行われる中、屋形船に乗ってくる。それは江戸で奇跡の力を発揮するため、運ばれていくところだという。長崎湾は、遊覧船など大小さまざまな船で沸き返っている。船に乗った僧たちが集まった人々にお経をあげ、皆はそれを有り難がっている。

五百羅漢寺

江戸時代を通じて、いくつもの重要な寺社が江戸の町に建設された。たとえば、護国寺《ごこくじ》は、一六八一年に五代将軍綱吉の生母桂昌院《けいしょういん》の発願《ほつがん》で創建された。将軍家と密接につながっていただけでなく、高田の御薬草園の地にあったことから病の治癒との関係も深かった。一七〇〇年頃、現在の地に移築され、寺領千五百石を賜った。その本尊は瑪瑙《めのう》石でできた如意《にょい》輪《りん》観音像で、開帳の時のみに公開されていた。

最後にもう一つ、あまり知られていない寺について考えてみたい。この寺が興味深いのは、江戸の空間の神聖化において重要かつひじょうに曖昧な位置を占めているということである。この寺もそれほど歴史が古いわけではなく、十八世紀になってから創建された。しかし、一六四四年、明《みん》の滅亡の際に日本へ亡命してきた禅宗の一派である黄檗宗《おうばくしゅう》の寺として、ひじょうに重要なものだった。寺の名は五百羅漢寺《ごひやくらかんじ》である。

黄檗宗の僧たちは長崎に上陸し、そこに寺を建てて布教を開始した。一六六一年、著名な明僧隠元禅師の下で、京の宇治に広大な万福寺《まんぷくじ》を建立する許可を得、その後全国へ広まっていった。江戸幕府は異国のものに対して常に少なからぬ猜疑心を抱いていたため（現に隠元は来日当初スパイと疑われ、自宅監禁されていたことがある）、黄檗宗の江戸入りを許した

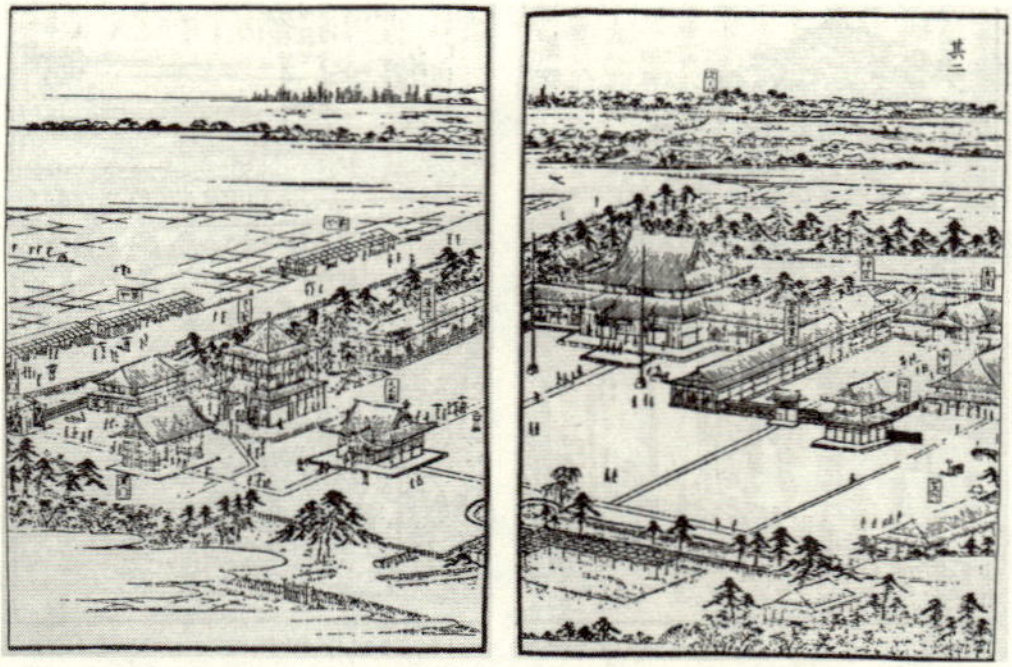

図17　長谷川雪旦・雪堤画、斎藤幸雄他編『江戸名所図会』（1836）より「五百羅漢寺」。

図18・19（左頁）『江戸名所図会』（1836）より「五百羅漢寺」。堂内。

図20　松雲作『羅漢像』（1700頃）。五百羅漢寺蔵。（高橋勉『甦る羅漢たち—東京の五百羅漢』、天恩山五百羅漢寺、1981）

折にも、その寺の位置は陰陽道上中立的な場所に故意に定められた。町中の気の流れに影響を与えないよう、中心から遠く、大川の向こう側の本所に建てられたのである。明僧がそこに務めることも許されなかった。

この寺は江戸中でもっとも参拝客の多い寺社の一つだった。ある川柳は次のように詠んでいる。

馬喰町《ばくろちよう》　五百の明日が　四十七

日本橋に近い馬喰町には多くの安宿が集まり、旅人はそこから本所の五百羅漢寺に詣で、翌日は芝高輪《たかなわ》の泉岳寺《せんがくじ》で赤穂浪士四十七士の墓参りができた。しかし、五百羅漢寺は幕府と結びついた神聖な場所でもあり、将軍の参拝のため、御成門《おなりもん》が立てられていた（図17）。

このように羅漢寺は異国の宗派と結びついていたのだが、その建築や仏像も異国のものだった。その建物はコの字型で、本堂を中心に両翼が長く伸びている。堂内の展示は圧巻で、巨大な釈迦三尊像を中心に据え、その両側に全部で五百体の羅漢の等身大の像が居並び、両翼を埋めていた。これは釈迦が霊鷲山《りようじゆせん》で経典を説いた時の様子を三次元的に再現したものである。すなわち、その際その場に居合わせた五百人の男たち（一説によれば十六人）が悟りを開き、羅漢（正式には阿羅漢）になったという話である。この寺を訪れた人々は、それらの像の間を歩き回りながら、霊鷲山にいるような気分に浸ったのである（図18・19）。それは素晴らしく、不思議な体験だったことだろう。

釈迦三尊・羅漢像はすべて、日本人僧松雲《しょううん》の作である。松雲は、一六八七年江戸に入り、浅草寺の近くに工房を構え、この壮大な事業に取り組んだ。桂昌院はそこでこの僧に会い、羅漢像十体分の制作費を寄進した。一六九五年、本所に仮設の羅漢堂が建てられたが、その時にはまだ五十体ほどの羅漢像が未完成だった（図20）。松雲は一七一〇年に没したが、この時には全五百体が完成しており、正式な伽藍《がらん》が大々的に建設された（その後何度も水害に見舞われたこの寺は、明治時代に現在地の目黒に移転した）。

江戸におけるこのような「他者」の神聖化は、引き続き行われた。書画愛好家として有名な八代将軍吉宗は、異国の書画の展覧室を作ろうと計画した。明《みん》に大量の書画を注文したが届かず、オランダ東インド会社にヨーロッパの油彩画五点を注文し、これらは一七二六年に無事届けられた。吉宗はそのうちの三点を手元に置き、あとの二点は、理由は定かではないが、羅漢寺に寄贈した。

羅漢寺の油彩画は、一八二六年の嵐で失われてしまったが、その模写が現在でも残っている。一つは、山下石仲《せきちゅう》『画図百花鳥《がずひゃっかちょう》』所収の墨摺りの版画で、一七二九年にそれら二枚の絵が羅漢寺に届いてまもなく出版されている（図21）。もう一つは谷文晁《ぶんちょう》によるもので、より鮮明だが二枚の絵のうち一枚だけしか残っていない（図22）。

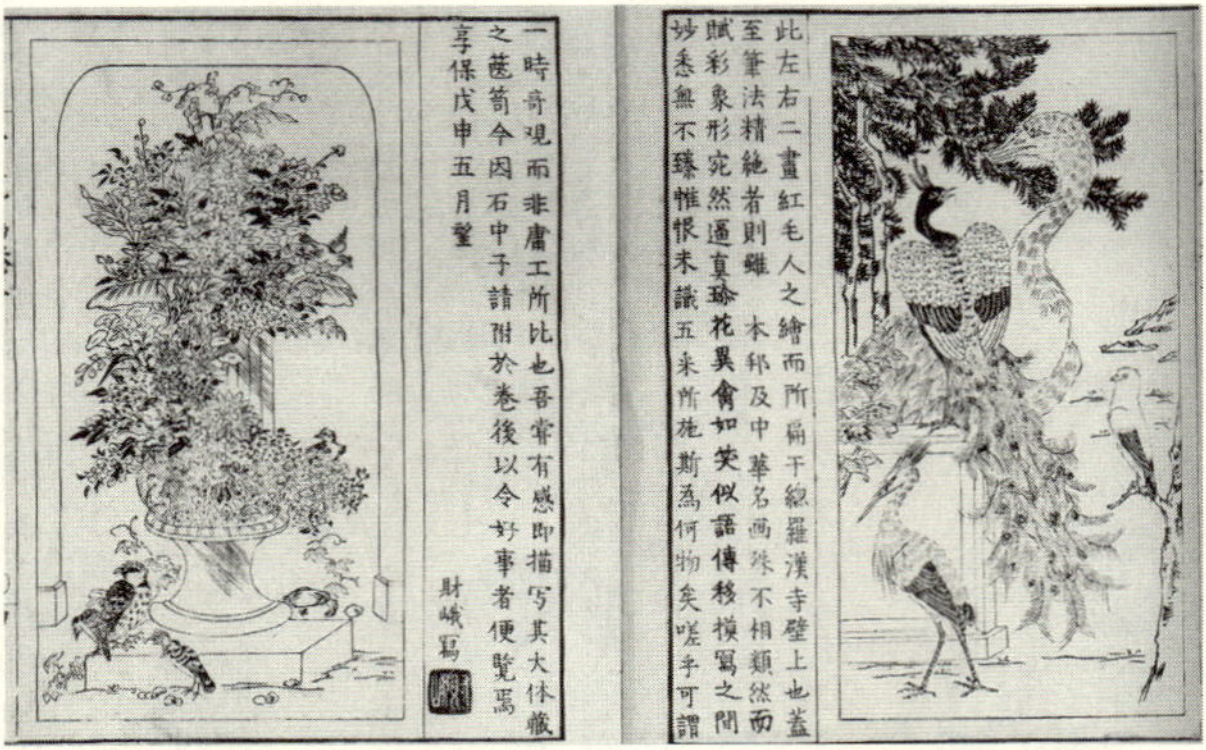

図21　藤原守範画、山下石仲著『画図百花鳥』（1729）より。永青文庫、東京。

図22　谷文晁模写『花鳥図』（1800頃）。神戸市立博物館蔵。

羅漢寺に展示されたこれら二枚の絵は、江戸で一般に公開された唯一のヨーロッパ美術で、江戸の人々の目には奇異なものと映ったに違いない。ただし、それらが将軍様からの賜り物だったことは一般に知られていた。オランダ側の資料によれば、二枚の絵の原題は『孔雀《くじゃく》、鸚鵡《おうむ》、駝鳥《だちょう》、虎とライン河の景色』と『花、果物、家禽《かきん》』で、決して宗教的なものではない。しかしそれは、世界の偉大さや多様さを表すと同時に、神聖な幕府の中心地である江戸にそれらのものが集まってきたことを言祝《ことほ》いでもいるのである。

後になって、羅漢寺の境内にさざえ堂という建物が加えられた。これは内部に螺旋状の階段を備えた塔である。さざえ堂には、日本全国の観音像にちなんだ三十三の像と札所が並んでいた。これは、一種の開帳のようなもので、江戸にいながら短時間のうちに何ヵ所もの聖地巡礼の仮想体験ができる便利な場所だったのである。

羅漢寺のさざえ堂は、市中で唯一、一般に公開された三階建ての建物だった（図23）。当時、江戸の建物は平屋建てがほとんどだった。もちろん五重塔などの高層建築もあったが、これは非公開だった。高さ十七メートルを越えるさざえ堂は、一般の人々が市中で体験しうるもっとも高い場所だったのだ。したがって、さまざまな絵が残されているわけだが、もっとも有名なのはおそらく北斎が『冨嶽三十六景』の中で取り上げているさざえ堂の展望台からの眺めだろう（図24）。そのような高みにあって、参拝者たちはこの世を離れて霊鷲山に上ったような気分になったことだろう。

図24　葛飾北斎『冨嶽三十六景』(1830-32) より「五百らかん寺さゞゐどう」。

図23　歌川広重『東都名所 五百羅漢さゞゐ堂』(1832—39)。

しかし忘れてはならないのは、この体験が将軍家に関連した寺を通じてはじめて実現したということである。そして、その最上階の舞台からは、御成門が眼下に見え、江戸城、そして富士山が見渡せたのである。

当時、霊鷲山は一般に伝説上のものと考えられていたが、さざえ堂の建設と時をほぼ同じくして、その伝説の山が実際に「発見」されている。オランダ東インド会社の商館はセイロン（現スリランカ）にもあったが、そこに巨大な山があり、オランダ人はアダムズベルグ（アダムの山）と呼んでいた。オランダ人は、地元の仏教信者から、その山で釈迦が経典を説いたという話を聞いた。オランダ人がこの山を描いたものは遅くとも一七八七年には日本に入っている。

というのも、同年に出版された森島中良《ちゅうりょう》のベストセラー『紅毛雑話《こうもうざつわ》』にその話が収められているからだ。さらに、年代は不詳だが、同じ絵を、江戸の洋風画家司馬江漢《しばこうかん》（本章の冒頭で紹介した江戸から京へ向かった旅人と同一人物である）が模写している。江漢はその絵を二幅対《にふくつい》とし、『紅毛雑話』から採った別の絵、当時最新の発明品である熱気球と組み合わせている（図25）。その絵には、異国にある世界でもっとも高い場所と、天に昇る乗り物とが合わせ描かれていた。いずれも異国的で、不思議で、魅力的なだけではなく、神聖でもある。

残念ながら、江漢の二幅対は現在では失われてしまっているが、それには徳川家の御紋の

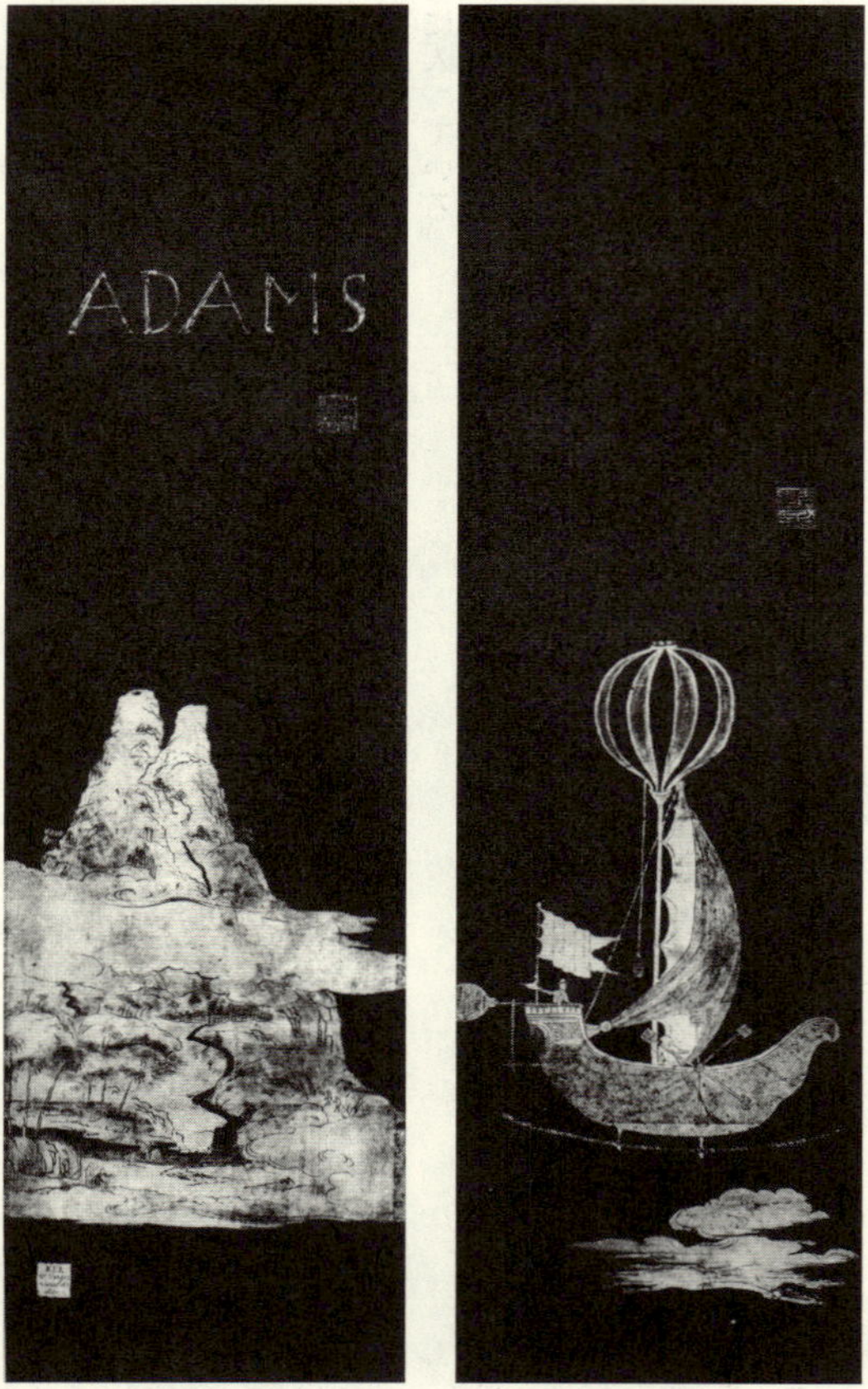

図25　司馬江漢『気球舟、霊鷲山図』（1818頃）。N. H. N. Mody, *A Collection of Nagasaki Prints and Painting*（Tuttle Books, 1969）より（現在不明）。

付いた表具が施されていたと伝えられている。とすれば、この絵は、将軍家のために制作されたものということになる。

一五九〇年、徳川家は、歴史的にも文化的にもほとんど意味のない城下町を受け継いだ。その後、いくつかの段階を経て、町は着々と変貌を遂げていった。最初は徳川家が関東入りした際に、次に徳川幕府が開かれた一六〇三年に、そして三代将軍家光の治世に。この五百羅漢寺の登場も重要な意味をもつ。すなわち、十八世紀の初めには、徳川家はもはや京だけに固執せず、全世界を視野に入れていたということである。

第四章　歌枕を求めて

これまでみてきたように、江戸は、きわめて短期間のうちに、さまざまな聖地を獲得することに成功した。それは、江戸を京に比肩する大都市に変貌させることを目的とした大改造事業の一環だった。この目的はほぼ達成され、場合によっては江戸が京を凌駕するほどになった。しかし、江戸は、長い歴史と文化を誇る京の霊気《アウラ》を借用することも多く、あくまでもナンバー・ツーの地位に甘んじていたのである。

時の経過とともに、江戸には聖地以外にも、さまざまな名所が形成された。十九世紀に入り、斎藤幸雄・幸孝・幸成の父子三代が編纂した地誌『江戸名所図会』（一八三四―三六刊。長谷川雪旦画）には、何百ヵ所もの名所が収められ、その二十年後には歌川広重が、百十八ヵ所を網羅した浮世絵版画の揃い物『名所江戸百景』（一八五六―五八）を版行、満都の喝采を博した。名所とは「名のある場所」ということなので、必ずしも長い歴史を有している必要はなかった。新しい名所というのも存在しえたわけである。

このように名所にはさまざまな種類があるわけだが、この章で取り上げる名所はその中のある特定の一部だけである。この種の名所は、第一に古くなければならなかった。すなわち、その霊気《アウラ》が名所の古さそのものに由来し、決して借り物では済まされなかったからである。したがって、江戸のような新しい町にとっては大きな挑戦だった。それは「歌枕《うたまくら》」と呼ばれるものである。

歌枕は、日本文学史においてきわめて重要なもので、和文《わぶん》という分野では季節と並ぶ重要な柱となっている。和文を季節抜きに語ることはほとんど不可能であり、勅撰集《ちよくせんしゆう》も季節ごとに分類されている。さらに場所を特定するという決まりごとも、中国・朝鮮・ヨーロッパ文学にはみられない日本独特のものである。

つまり、和文においては、物語や詩歌などで架空の出来事や感情を表現する場合でも、必ず実際の季節や場所を設定したのである。たとえば、和歌では詞書《ことばがき》で場所が明示されるし、物語では架空の話が実在の場所で展開する。このような実例は、すでに第一章で、宇治橋や佐野の舟橋との関連であげてきたとおりである。

歌枕も、他の種類の名所と同様、絵や版画の題材となっている。美術史家は名所を題材としたものをまとめて「名所絵」と呼び、「歌枕絵」という言葉は使わない。しかし、実際、この言葉を使ったほうが便利なこともある。日本橋のような一般的な名所と、宇治や佐野のように和歌や物語の舞台として有名な場所、すなわち歌枕とを、より明瞭に区別することができるからである。

第一章では「本歌取り《ほんかど》」という技巧について述べた。古歌をもとに、別の詩歌を作る手法である。この場合、新しく作られた詩歌は、季節や場所、そして全体的な趣向も、本歌に倣うのが普通である。有名な和歌や物語が繰り返し読まれ、記憶され、本歌取りとそのもとの古歌が学習されていくうちに、いくつかの名所が特に有名なものとなり、特定の季節や趣向と結びつけられるようになった。

たとえば、佐野に関する和歌・物語・絵はすべて季節が冬でなければならない。これに対して、宇治の季節は常に秋である。さらにそれぞれの季節は特定の情感と結びついている。冬は荒涼、秋は悲劇である。したがって、宇治を舞台に楽しい和歌や物語を書いたり、佐野の中秋の名月を詠んだりするのは、とんでもない筋違いなのである。

日本の文学地図は、ひじょうに精密なものに発達し、日本の文化遺産全体の中で重要な位置を占めてきた。江戸時代までには、各地の景観の見方は、詩歌に詠み込まれるさまざまな場所を中心に決定されるようになっていた。歌枕は実在の場所だったので、詩歌に詠み込まれることによって、それらの場所の地位が高まり、地元の人々の誇りとなった。そして、これらの名所は、ひじょうに政治的な性格を帯びるようになっていく。

和文の正典《カノン》が成立したのは平安から鎌倉時代初期にかけてだったため、歌枕のほとんどが畿内にあった。もっとも、旅人の中には地方にまで足を伸ばす者もおり、紀行文学というジャンルも存在はしていた。たとえば十二世紀の西行法師《さいぎょうほうし》は日本中を放浪したことで知られている。西行が詠んだ数々の歌はひじょうに高く評価されたため、それらが設定された場所は即座に歌枕となっていった。後の人々は本歌取りの手法で西行の歌を利用し、西行がその場所を訪れた季節やその時の趣向を借りた。さらに、西行の歌の数々は、名所絵にもなった。

定まらない名所

佐野や宇治が実在の名所であることは周知の事実だったが、その所在が曖昧なものもあった。江戸後期、老中の地位を退き白河藩の藩政に専念することになった松平定信は、西行が詠《うた》った「白河の関」という有名な歌枕の調査に乗り出し、それまで不明だった白河の関跡地を特定し、石碑を立てた。また、二ヵ所以上が名乗りをあげているため、どちらとも決定できない歌枕もあった。たとえば、西行は次のようなひじょうに有名な和歌を詠んだ。

心なき身にもあはれはしられけり　鴫《しぎ》立つ沢の秋の夕暮（『新古今集』）

「鴫立つ沢」とは一体どこなのだろう。日本全国でその名の付く場所は決して一つだけではない。さらには、この和歌が古来ひじょうに有名だったため、もともとその名で呼ばれていなくとも、近くに鴫が棲息しているような沢には、鴫立つ沢という名前が後になって付けられたところもある。この場所の特定が進められたのも江戸時代になってからのことで、最終的には一つの場所に定められた。この「本物の」鴫立つ沢の領主は、重要な場所の所有者となった。領主はそれを誇りに思ったことには違いないが、同時に政治的な地位と富が約束されて喜んだことだろう。平安・鎌倉時代の公家たちは、自分たちが詠み込んだ、もしくは本歌取りをした場所に必ずしも行ったことがあるわけではなかった。しかし、江戸も中期になると、歌枕の地を訪ねて回る旅は一般的なものとなっていた。

地方にも歌枕はあったが、それはごく少数で、圧倒的に京とその周辺に集中していた。では、江戸はどうだったのか。奥深い文化に裏打ちされた場所と見なされるためには、和歌や物語に由来する歌枕が江戸にも必要だった。歌枕をもたぬことは江戸の恥であり、さらに深刻なことには、江戸幕府の権威が脅かされることでもあった。では、実際、昔の和歌や物語に、江戸、もしくは武蔵の国、武蔵野といった場所が登場していたのだろうか。

残念なことに、西行は武蔵野を訪れてはいない。しかし、当時政治の中心だった鎌倉を訪れ、源《みなもとのよりとも》頼朝に謁見《えつけん》したという記録がある。頼朝は西行に白銀製の猫を授けたが、僧侶である西行はそのような高価なものに執着はなかったので、門を出たところで貧しい子供たちにあげてしまったといわれている。この有名な話は、一七九七年の『東海道名所図会』にも採られている（図1）。

西行は最初の旅で富士について素晴らしい和歌を詠んでいる（図2）。しかし、鎌倉方面から見ていたらしい。鎌倉はもちろん武蔵野ではない。実際のところ、江戸周辺に歌枕は皆

図1　竹原春泉斎他画、秋里籬島著『東海道名所図会』（1797）。

図２　礒田湖龍斎『富士山の西行図』（1770年代）。

無といっていい。さらに悪いことに、西行は訪れた場所をそれぞれに堪能したが、平安時代の歌人はめったに畿内を離れることがなく、遠隔の地について書かれたものは、いかにそれらの場所がひどいかに集中していた。

実際、平安・鎌倉時代、武蔵野が和歌に詠み込まれた場合、それは荒涼を象徴していた。昔から歌人たちは、武蔵野を詩的・文化的なものが何一つない場所として理解してきた。武蔵野がはじめて和歌に登場するのは『万葉集』（三三七五―七六）で、そこは雉《きぎす》とうけらが花のみの、うら寂しい荒野である。『古今集』の時代には、在原業平《ありわらのなりひら》（この人物はこの章の後半に再び登場する）の歌（八六八）のように紫草《むらさきそう》を詠み込むものが登場する。それでもなお武蔵野は無を象徴し、いわば「反歌枕的」なものだった。

しかし、武蔵野がある季節と結びついていたことは特筆しておきたい。初期の和歌には若草に言及したものもあるが、右の業平の歌は雑歌《ぞうか》に分類されている。ただし、その荒涼さゆえに、武蔵野は秋と結びつけられるようになった。秋といえば月である。『新古今集』の時代にはこの連想はすでに必至となっており、たとえば、九条良経《くじょうよしつね》（『新古今集』の中では摂政太政大臣）は、次のようなひじょうに有名な和歌を詠んでいる。

行末は空もひとつのむさし野に　草のはらよりいづる月影

この情景は、月と丈《たけ》の高い草をあしらった名所絵となっている（図3）。このように武蔵野は、美しくはあるが、荒れ果てかつ空虚で、しかもそこには文化と呼べるものが何もなかった（図4）。というわけで、歌枕に関しては、江戸には何らの希望もなかったのである。

この問題は実に深刻だった。しかし、解決策がないわけではなかった。それもひじょうに有効なものだった。富士山である。九条良経は富士山に直接は言及していないが、晴れた日に見晴らしのいい場所に立てば、武蔵野から富士を見ることは可能だっただろう。この山によって武蔵野の霊気《アウラ》はまったく変化してしまった。もちろん富士山は日本随一、いや世界随一の「不二」の山である。この地上でもっとも美しい山だとも言われていたし、しかも神聖な山でもあった。それにはさまざまな信仰が結びついており、その中には弥勒菩薩が次の仏陀になるためその地に降り立ったという伝説もあった。したがって、この美しく神聖な山によって、江戸は、日本文化地図の中に重要な地位を獲得したのである。

もっとも、厳密には、富士は武蔵野ではなく駿河にあるので、これには少々無理がある。

図３　画家不明『武蔵野』（江戸初期）。（『日本屏風絵集成』第９巻、講談社、1980）

富士山は武蔵野から常に見えたわけでもないし、東へ行けば行くほど見えにくくなったはずなので、江戸に至ってはそれほどよい眺めは望めなかっただろう。

しかし、富士はこの幕府の中心地の図像学の中に、急速にそして積極的に組み込まれていった。すでに見てきたように、日本橋においても富士は利用されていた。借景かもしれないが、江戸にも立派な歌枕があったというわけである。

良経自身は触れていないのだが、その和歌を題材にした絵には、例外なく富士山が描かれている（図5）。左隻の画面右手に昇る明るい月が草で区切られた地平線の下に半円を描き、左手の地平線上にそびえる三角形の富士と対照をなしている。江戸の発展にともなって、この都市の描写はさらに豊かなものになっていった。十八世紀の終わりには、江戸の画家酒井抱一が富士抜きの風景を描き、宮廷芸術と土佐派の伝統を受け継いだ秋の美の象徴で埋め尽くした（図6）。本来なら雉《きじ》も描かれているはずなのだが、それではわびしすぎるという理由からか、鶉《うずら》に置き換えられている。

歌枕としての武蔵野は秋を意味した。しかし、富士山は、その名「不死（ふじ）」の縁起のよさから、一般に新年の象徴とされていた。そこで、武蔵野とは切り離されて、富士の景観だけが、冬の終わり・暖かい春の先駆けとして描かれるようになった。雪解けの江戸の町といまだ雪を頂いた富士の眺めについてはすでに見た通りである（第一章図24。第五章図30も参照）。

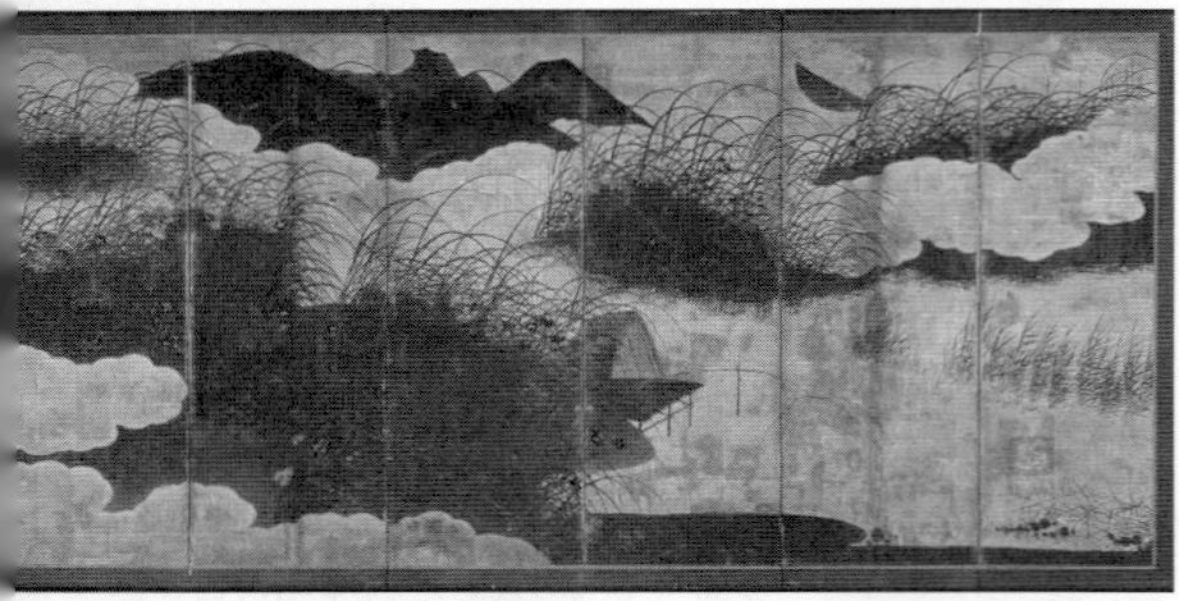

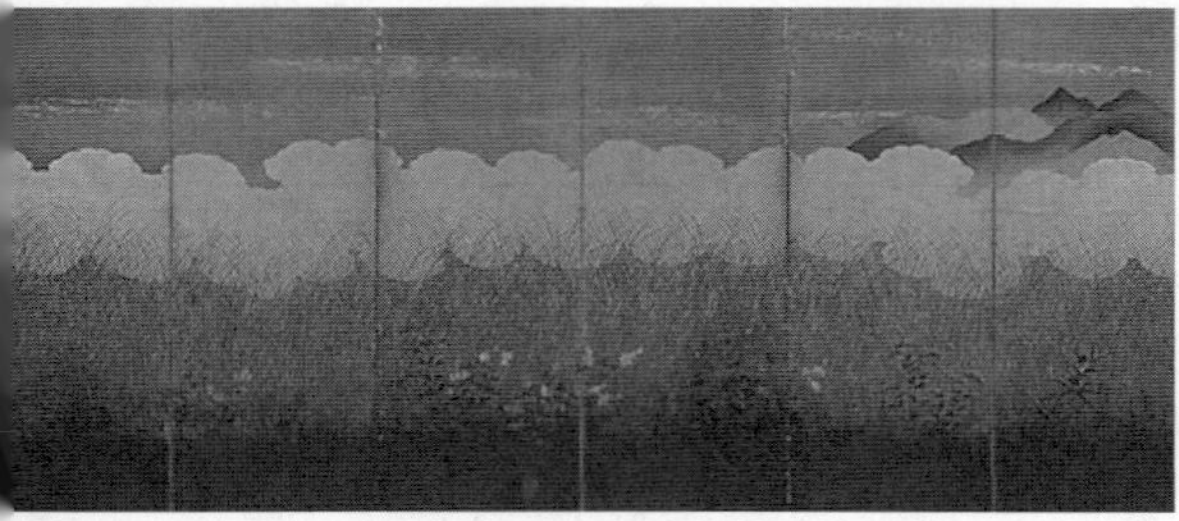

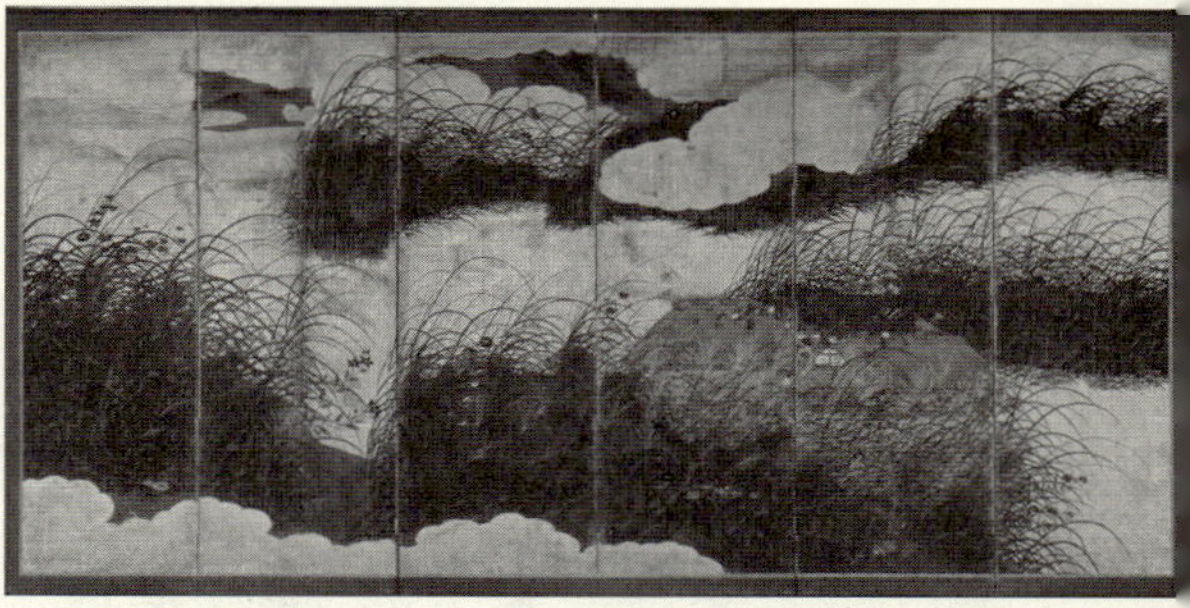

図４　画家不明『武蔵野図屏風』（江戸初期）。東京富士美術館『やまと絵の世界』展、1988。

図５　画家不明『武蔵野図屏風』（江戸初期）。東京富士美術館『やまと絵の世界』展、1988。

図６　酒井抱一『月の秋草鶉図屛風』（江戸後期）。山種美術館蔵。

富士山

富士山は歌枕ではあったが、和歌や物語を読み返してみると、驚くほど登場する回数が少ないことに気づかされる。富士に触れた和文の少なさは江戸時代にも明白だったのだが、これには実に機転の利いた理由づけがなされていた。すなわち、この素晴らしい山は、あまりにも畏れ多く、言葉では表現し尽くせないと言われていたのだ。

第一章でも引用した松倉嵐蘭「富士ノ賦」は、その冒頭で次のように述べている。「昔より詩歌連俳の句数、合わせてこれをつままば、大かた此山の高さには比せむ」。さらに嵐蘭は『小倉百人一首』所収の山部赤人《やまべのあかひと》の有名な歌「田子の浦にうち出でてみれば白妙のふじのたかねに雪はふりつつ」に触れて、次のように書いている。「古今の間ただ一句秀でたる者は、赤人の白妙なるべし。其余は此山に対して、万が一にも及ばず」、それゆえ「西行は五文字をすえかね（り）」。

また、嵐蘭の師であった江戸の偉大な俳人松尾芭蕉が富士について書かなかったのは、そのあまりの美しさゆえであるとも言われていた。しかし、これは誤解で、芭蕉は次のような発句を残している。

富士の風や扇にのせて江戸土産
ひと尾根はしぐるる雲か不二の雪

また、見えない富士に関しても次のように書いている。

霧時雨《きりしぐれ》富士を見ぬ日ぞおもしろき

嵐蘭もその「富士ノ賦」の中で、富士について文学作品を書くことは不可能であると述べている。このように、富士を題材にすることの難しさが、しばしば文学の題材になった。これは、富士を政治的象徴として利用しようという幕府の意向にも添うものだった。すなわち、第一章でも触れたように、あるものに関して語ることができないという話をする、不在の図像学という概念に一致するものだったのだ。

絵画表現においても、富士ほど頻繁に描かれた山はおそらく世界中に他に例がないかもしれないが、絵師の苦労話もたくさん残っている。

その中でももっとも古いものの一つに、九世紀後半、大和絵の伝統の礎を築いた宮廷絵師・巨勢金岡《こせのかなおか》があまりの絶景に感嘆し、もはや描くことあたわずと、その場で絵筆を投げ捨ててしまったという逸話がある。この場所は有名になり、この出来事は（あくまでも伝説なのだが）後世の人々によって書き継がれた。まもなく、その場に生えていた松の木が「発見」され、擲筆松《ふですてまつ》という名所になった（図７）。江戸の絵師については、富士を前にして「探幽《たんゆう》は墨色にあぐむ」と嵐蘭が書いているが、後に明らかになるように、これは事実ではない。

　数ある富士山を題材にした書画の中で、もっとも有名なものは雪舟等楊《せっしゅうとうよう》によるものだろう（図８）。この絵は十五世紀終わりの作で、後年になって明の詹仲和《せんちゅうわ》が賛をしたためたものだ。江戸時代、この作品はおそらく日本美術の中でもっとも有名な絵であった。実際には、雪舟の富士の眺めは駿河側から見たもので、武蔵野は山の向こう側だったにもかかわらず、この絵は江戸を芸術的に正当化するのに決定的な役割を果たすことになった。

　雪舟がこの絵を描いたのは、徳川家江戸入りの一世紀ほど前のことである。しかし、雪舟の様式は失われてはいなかった。雪舟の周防国《すおうのくに》（山口県）の画室にちなんで名づけられた雲《うん》谷《こく》派という画派は、山口を本拠地として、江戸時代を通じて活躍した。この画派の祖は雲谷等顔《とうがん》で、一六一八年に没したが、自ら三代目雪舟と名乗っていた。雪舟の霊気《アウラ》がひじょうに強力だったため、江戸時代の絵師の間で、雪舟との関係の有無にかかわらず、その名の中に「雪」の字を入れることが流行した。たとえば、前にあげた長谷川雪旦などである。

　雪舟は、一四二〇年、備中（岡山県）に生まれた。幼くして京の相国寺《しょうこくじ》に入門したが、一四四〇～六〇年頃、鎌倉の建長寺《けんちょうじ》で修行したといわれている。富士の絵の眺めを得たのは、この鎌倉滞在中であろう。右手には三保《みほ》の松原《まつばら》、中央やや左に富士山、左手には清見寺《せいけんじ》とそ

図7　竹原春泉斎他画、秋里籬島著『東海道名所図会』(1797)。

図8　雪舟等楊筆、詹仲和賛『富士三保清見寺図』(室町時代)。永青文庫蔵。

の門前町が広がっている。この作品は、文字どおり何百もの絵の手本となっている（図9）。江戸時代には六曲一双の屏風絵が上層階級に好まれたが、雪舟の手本も改作されて、右隻に三保の松原、左隻に清見寺が配された（図10）。

もっとも、将軍家に仕えた絵師は、雲谷派ではなく狩野派だった。一五七〇年代、狩野永徳《えいとく》は織田信長《のぶなが》に仕え、安土城の豪奢な内装などを担当し、狩野派の様式を確立した。永徳の弟・長信《ながのぶ》が、一六一五年以前に徳川家に仕えるため江戸へ移り住み、永徳の孫にあたる探幽が一六一七年その跡を継いだ。この探幽の登場はひじょうに重要な意味をもつ。探幽は、それまでの日本の絵師の中でも突出した才能の持ち主の一人と見なされ、人々は永徳の生まれ変わりといって賞賛した。一六一七年、探幽はわずか十五歳で御用絵師として秀忠に召し抱えられた。これは家康の死後、秀忠が真っ先に下した決断の一つだった。さらに四年後、探幽は広大な屋敷と多額の禄を与えられた。

探幽が描いた富士の絵は、群を抜いて数が多い。雪舟を手本としたことも明確に表れている。山頂は常に雪に覆われていたが、大きな中秋の名月などにより、冬以外の季節が示される作品もあった（図11）。清見寺の五重の塔は十六世紀には失われていた。しかし、この絵において探幽は、秀忠・家光・家綱の三代に仕える者として、雪舟の描いた富士の景観を、徳川家と江戸のため、政治的・文化的なモチーフに変化させているのである。

探幽が雪舟の富士を手本とした作品の中で面白いものの一つは、これもまた江戸時代の武

図9　木村探元『富嶽図』(江戸中期)。個人蔵。『江戸美術祝祭』展、江戸東京博物館、1989。

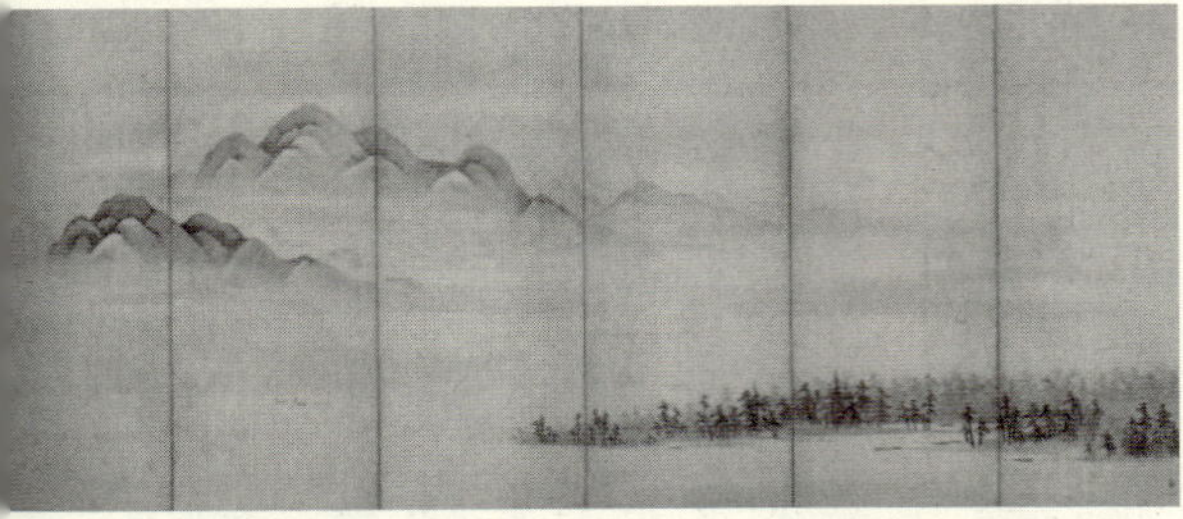

図10　狩野山雪『富士三保松原図』(江戸初期)。静岡県立美術館蔵。

図11　狩野探幽『富士山図』(1667)。静岡県立美術館蔵。

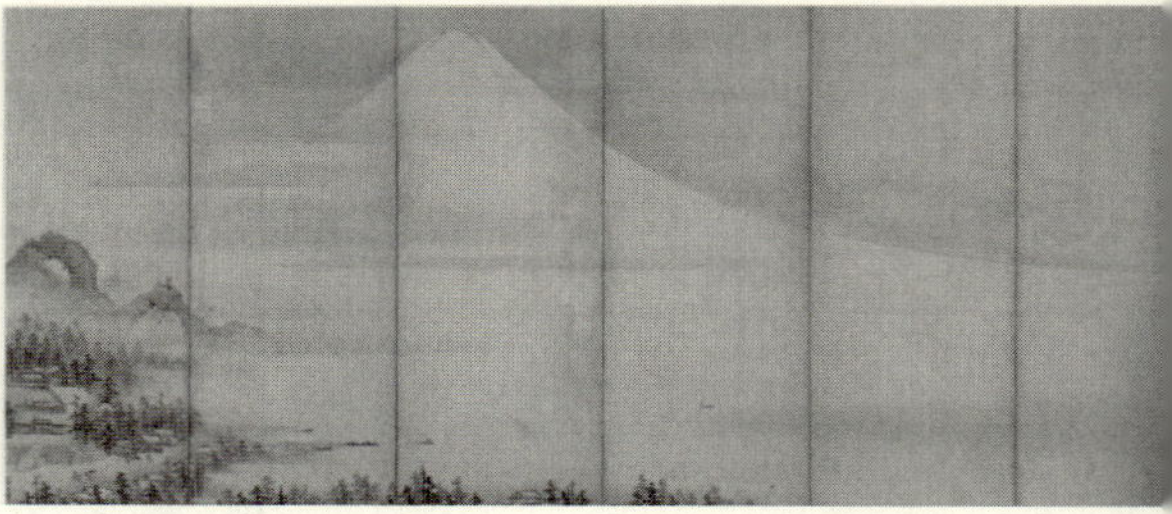

士階級が好んだ三幅対《さんぷくつい》で、富士は中国南部の二名刹《めいさつ》、金山寺《きんざんじ》と育王山《いくおうさん》にはさまれている（図12）。いずれの寺も日本の禅僧の間では有名で、鎌倉・室町時代に多くの日本人僧（もしかしたら雪舟も）が訪れている。この三景の位置関係は、富士山を真ん中に据えることで、この日本の山が大陸の聖地と同等、もしくはそれを凌ぐことを示している。興味深いことに、大陸の寺との対比という観点からはむしろ重要ではないかと考えられる、同じ禅寺である清見寺を探幽は絵の中から消し去っている。清見寺とその有名な滝、三保の松原までが削除されたため、果たしてどの地点から見た富士なのかが曖昧になってしまった。

こうは考えられないだろうか。探幽は雪舟を手本とし、その様式に倣いながら、視点を百

図12　狩野探幽『富士・金山寺・育王山図』（江戸初期）。個人蔵。『狩野探幽の絵画』展、静岡県立美術館、1997。

八十度回転させてしまったのではないか。つまりこれは駿河ではなく、江戸から見た富士の姿なのではないか。とすると、その麓の村や水面は箱根と芦ノ湖ということになる。つまりこれは、中国の聖地を従えてそびえ立つ江戸の富士なのである。

富士の絵は、日本国内ばかりか、対外的な文脈《コンテクスト》においても、政治的に重要な意味をもっていた。雪舟の富士図は明に運ばれて、そこで詹仲和の賛が付され、再び日本に戻ってきたと考えられている。このように、富士には、日本を異国に対抗させ、またはその上位に据えるという、ひじょうに攻撃的な意味があったのである。

当時の考え方に、富士はいかなる異国の山とも異なっていて、それを描くことができるのは和画《わが》のみであるというものがあった。一七九七年、寛政の改革で有名な松平定信が次のように書いている。

唐画といふものありて……写生などをよき事と心得て、山水人物のさたにもおよばず、只かの国の事のみかきて、富士のやまかくこともせず……（『退閑雑記』）

定信自身も自分の意見が正確なものではないことを、承知していたに違いない。雪舟の水墨画はどう考えても和画というよりは漢画《かんが》に近い。また、実際、富士山に興味をもち、それを描いた異国人もいたのである。一七四八年に朝鮮通信使として日本を訪れた李聖麟《イー・ソンニン》は、

『槎路勝区図』（海外旅の勝景図）という絵巻に富士を描き込んでいる（図13）。普通、朝鮮通信使たちは、東海道を通り、由井（由比）の宿に近い清見寺に宿泊することになっていた。李聖麟はその清見寺で富士を描いたのである。偶然だろうが、雪舟と似た視点から見た景観になっている。

バーグリンド・ユングマン氏の研究によれば、池大雅《いけのたいが》は一七四八年にも朝鮮人に面会したようだが、その次の通信使が訪れた一七六四年、二度目の面会を果たした金有聲《キム・ユソン》に宛てた手紙の中で彼は、富士を異国の正しい様式で描くにはどうしたらよいかと尋ねている。大雅は、本章の図1や図2のような和画と、雪舟とその後継者たちの様式を対比させている。

弊邦駿河州有山名富士。方俗喜乞其図画。古画家有二式。其一則設色。鉤出山容飽塗大緑。最巓三朶単着白粉、蓋貌四時積雪也。其一則潑墨。暈起刷成宛似摺扇様。唯取軽便以為工也。故鬻者悉拠此二式而已。若彼董巨之逸格則的当何等皴法施之乎。僕輩不知下手。幸得賜高論発開愚惑欣躍無涯。伏冀々々。更願。

（現代語訳――私の国には、駿河州に富士と呼ばれる山があり、その山を愛で、その山の絵を入手するということが習慣的に行われています。富士を描くにあたって、古来絵師たちは二つの様式を用いてきました。一つは着色で、山や谷を緑色で縁取り彩色し、万年雪を頂く三つに分かれた頂上を白色で塗りました。もう一つの様式は潑墨《はつぼく》で、模糊《もこ》とした空間から山がそびえ立ち、ちょうど広げた扇を逆さまにしたように描かれます。二番目の様式が用いられるのは、簡潔で便利だからです。大半の書画は、これら二つのいずれかの様式を採用しています。しかし、このほかに、「逸格（逸品）」という様式があります。董巨《とうきょ》［注＝董源《とうげん》と巨然《きょねん》。共に南唐・北宋初期を代表する山水画家］の作品に見られるものですが、彼らの皴法《しゅんぽう》を使って富士を描くことはできないものでしょうか。私には、どのようにしたらこの様式で描くことができるのか、まったくわかりません。この無知な者に先生の貴重なご意見を少しでもお聞かせ願えれば、私は飛び上がって喜ぶことでしょう。どうか私の願いをかなえてくださいますよう。）

このように和画の様式は日本のもの、董巨様式は中国のものと考えられていたようである。しかし、富士の絵に代表される雪舟の様式は国境を越えたものだった。そしてまさにこの理由から、幕府お抱えの狩野派によって採用されたのであろう。

李聖麟は、おそらく富士を描いた唯一の朝鮮人だった。最初に富士を描いたヨーロッパ人は、オランダ東インド会社のJ・F・フェイルケで、一八一〇年のことである（図14）。フェイルケは雪舟を手本にしている。おそらくは後に日本で描かれた雪舟の模写と、東海道でフェイルケが実際に見た景色とを合わせたものだろう。

西洋画が日本に紹介されると、蘭学者はこの様式こそが富士の至上の美を再現するのに最

図13　李聖麟『槎路勝区図』(1748) より。絵巻。韓国国立美術館蔵。Burglind Jungmann, *Painters as Envoys: Korean Inspiration in Eighteenth-century Japanese Nanga* (Princeton University Press, 2004)

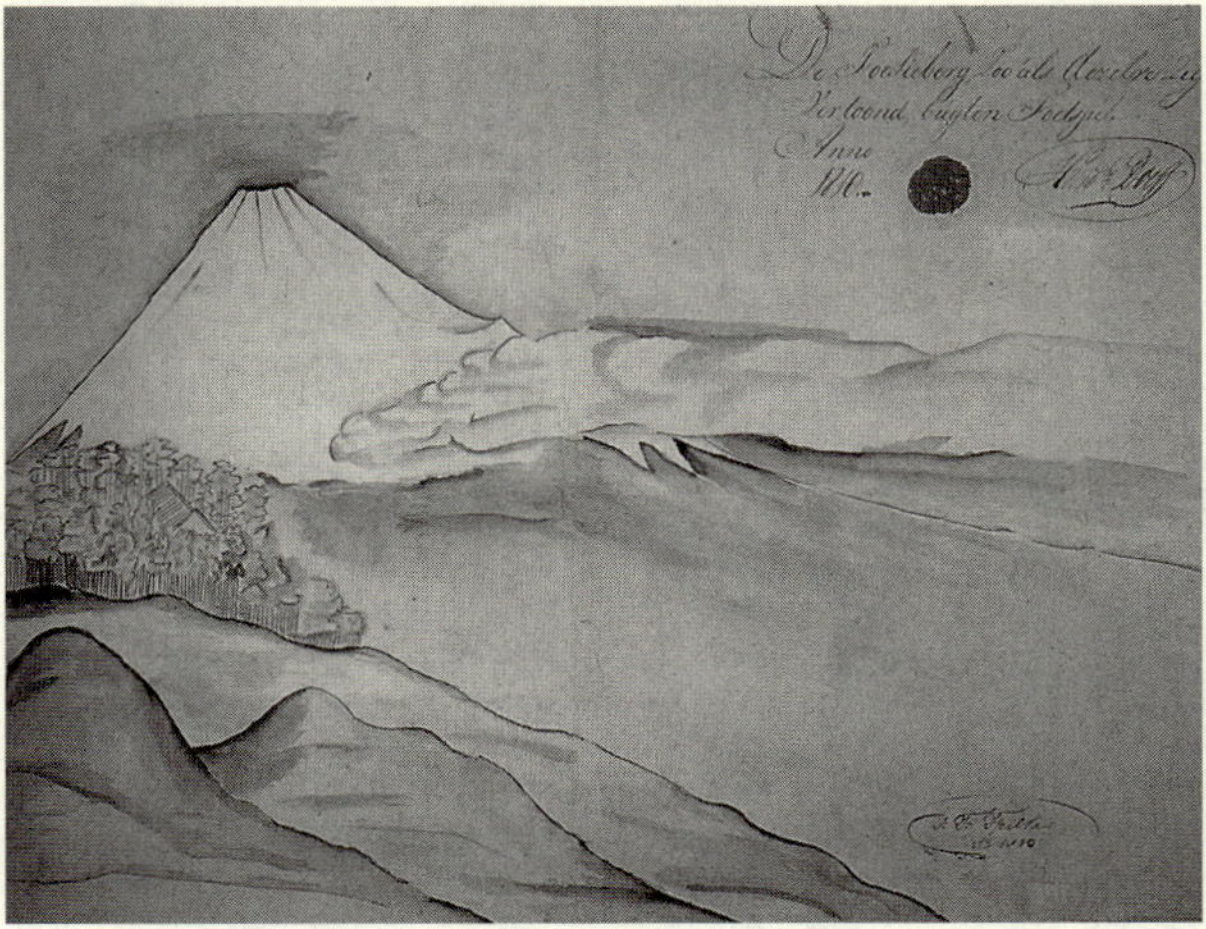

図14　J・F・フェイルケ『富士図』(1810)。『日蘭交流の架け橋』展、神戸市立博物館、1998。

適であると主張し始めた。すなわち、中国風でも日本風でも折衷風でもなく、西洋の写実的な様式である。フェイルケが富士を描いた同じ頃に、司馬江漢は次のように記した。

吾国画家あり……此富士を写す事をしらず。探幽富士の画多し、少しも富士に似ず、只筆意勢を以てするのみ……予二十五年以前より、日本の山水富士をはじめ、名山勝景を写真にして、阿蘭陀の法を以て、蠟画に画き……世に之を奇観とす。(『春波楼筆記』)

さらに数年後の一八一三年、佐賀鍋島《なべしま》藩士、山領主馬《やまりょうしゅめ》に宛てた手紙の中で、次のように書いている。

京にては富士山を見たる者鮮《すくな》し、故に小子富士山を多く描き遺し申候。……此度和蘭奇《オランダき》巧《こう》の書を京都三条通富の小路西口入吉田新兵衛版元にて出来申候。其中へ日本勝景色富士皆蘭法の写真の法にて描申候。

文中の『和蘭奇巧』という本はついに出版には至らなかったが、江漢は富士を描いた蘭画を多く残している(図15)。また、京の人々にとって富士を見ることは容易ではなかったと、書かれている点にも注目してほしい。それは江戸の誇りだったわけである。江漢は、雪

図15　司馬江漢『金谷台富嶽遠望図』（1812）。個人蔵。

図16　司馬江漢『七里ケ浜図』（1790頃）。大和文華館蔵。

舟の視点に倣って多くの富士の絵を描いたが、江戸側からの風景であることもひじょうに明確に示している。江漢をはじめとする江戸の絵師たちは、鎌倉の七里ケ浜から見た富士の新しい像を作り上げた。江ノ島を含むその像は、駿河から見た雪舟の富士に新しい視点を補い、あるいはそれに取って代わるものだった（図16）。

究極の江戸の富士といえば、北斎の『富嶽百景』に収められている「江戸の不二」だろう。富士は江戸城の屋根の上の鯱《しやちほこ》の向こうにそびえる。鯱の跳ね上げた尾の先には一羽の小鳥がとまり、幸福と平和を隠喩的に示している（図17。第一章図16）。北斎もまた雪舟の富士を手本としているようだ。なぜなら、富士の南側（すなわち海側）の斜面は北側（内陸側）よりも長いのだが、駿河側から富士を見た雪舟はこれを示すのに、向かって右側の斜面

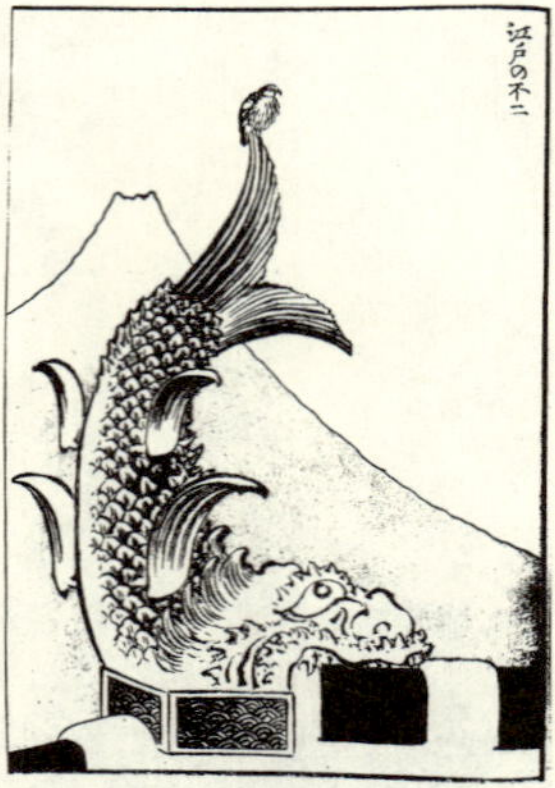

図17　葛飾北斎『冨嶽百景』（1834—40）より「江戸の不二」。

を長く描いた。反対の江戸側から富士を見ていた北斎も、右側の斜面を長く描いている。これは地理的には正確ではないのだが、大胆なトリミングが効果的な構図になっている。

伊勢物語

平安時代以降の和文には、江戸となる前の武蔵野に触れた作品がいくつかあった。なかでもこの地域を大きく取り上げていたのが『伊勢物語』である。その成立は平安時代初期、十世紀頃からと言われている。作者は不詳だが、『古今集』に武蔵野を詠んだ歌が収められている公家、在原業平というのが通説である。『古今集』で業平のものとされる和歌の何首かは、『伊勢物語』にも登場する。物語中、主人公はただ「男」とのみ記されているが、それは業平自身とされる。その根拠の一つに、『古今集』所収の、業平と伊勢斎宮《さいぐう》の間に交わされた一対の和歌がある。まず、斎宮の歌（「よみびとしらず」となっている）は次のようなものである。

君やこし我やゆきけむ　おもほえず　夢かうつつかねてかさめてか

業平は応えて、

かきくらす心のやみにまどひにき　ゆめうつつとは世人《よひと》さだめよ（『古今集』）

と詠む。業平は斎宮と契《ちぎ》りを結んだために京を追われ、『伊勢物語』はその流浪生活の物語だと考えられる。

流刑の身とは哀しく寂しいものなので、『伊勢物語』の作者（それが誰であれ）が、「男」（以下、便宜上業平と呼ぶ）を、そのような感情と結びついた歌枕に向かわせたとしても不思議はないだろう。そしてそれに最適な場所が武蔵野だったのである。業平がこの地を訪れているのは、物語の九から十三段である。

第九段は「むかし、おとこありけり。そのおとこ、身をえうなき物に思ひなして、京にはあらじ、あづまの方に住むべき国求めに、とて行きけり」で始まる。ここで業平が有名な「東下《あずまくだ》り」に赴くのである。武蔵野の手前の駿河で富士を見て、次のような和歌を詠む。

時知らぬ山は富士の嶺《ね》いつとてか　鹿《か》の子まだらに雪の降るらん

流浪生活は決して楽しいものではないが、富士を見たとき、業平は東《あずま》にも京より素晴らしいものがあることに気づく。「その山は、こゝにたとへば、比叡《ひえ》の山を二十《はたち》ばかり重ねあげたらんほどして、なりは塩尻のやうになんありける」。この東下りによって東国の重要性が認められ、富士のおかげで京よりも素晴らしい場所とされたのである。

当然のことながら、この逸話は江戸時代おおいに活用されることになった。業平とその友人や従者を描いた作品は各時代を通じて制作されてきたが、特に江戸時代になって増加した（図18）。面白いことに、その大半で男たちは画面の左へ向かって旅をしている。東アジア美術の伝統では、これが前進を意味するからである。しかし、地理的にはこれは正しくない。東海道のもとになった道を行く男たちは、富士の南を通るので、右手ではなく左手に山を見ることになる。ということは、男たちが駿河にいて武蔵野に向かっていたとしても、この描

図18　尾形光琳『伊勢物語図』（江戸中期）。五島美術館蔵。

き方では逆のことをしているように見えてしまう。彼らは来るのではなく、行こうとしている。いまや江戸は終点ではなく起点なのである。こうして江戸は中心となった。

物語の内容に話を戻すと、第九段は駿河よりもずっと西、三河の八橋《やつはし》に一行が到着したところから始まる。これは有名な箇所で、江戸時代には多くの絵の題材となった。しかし、ただ単に徳川家の出身地である三河に歌枕をもたらすのが目的ではない。第一章に登場する日本橋と江戸城の間に架けられた一石橋《いちこくばし》が、正式には八橋と呼ばれた事実に注目すべきである。三河と『伊勢物語』の歌枕の両方にちなんで、そう名づけられていたわけである。

物語の八橋は逢妻川《あずまがわ》の三角州に架かっており、これを渡ると東国《あずま》に入る。業平と友人たちはその沢のほとりに座って、カキツバタを愛でる。それが満開ということは、時は五月である。季節は夏、端午の節句もあるので、幸福感で満ちあふれている。男たちは昼食を広げて、カ・キ・ツ・バ・タの各文字を五七五七七のはじめに使って、旅の思いを和歌に綴る。


唐衣きつゝなれにしつましあれば　はる〴〵きぬる旅をしぞ思ふ

この和歌に心を動かされ、「皆人、乾飯《かれいい》のうへに涙落としてほとびにけり」。

先へ進んで、男たちは駿河の宇津《うつ》の山に入っていく。「わが入らんとする道はいと暗う細きに、つたかへでは茂り」。ここで、京へ戻る一人の修行者と出会う。この修行者は男たちの知り合いで、皆でそれぞれの思い人に宛てた手紙を託す。後に江戸の人々は、この地においても、進行方向を逆にして想像した。たとえば、幕臣屋代弘賢《やしろひろかた》は一七九二年京へ向かった。富士山の見える場所にさしかかると、その様は『伊勢物語』を思い起こさせると言って、次のように詠んだ。

都路へ今かへりこんともおもほえす夢かうつゝかうつの山こえ（『道の幸』）

これまで詩歌との関連がまったくなかった八橋は、こうして『伊勢物語』のおかげで歌枕になった。季節は物語中の夏である。ところが宇津の山はすでに歌枕になっており、秋と結びつけられていた。山道の楓《かえで》や蔦《つた》は、色づく季節がもっとも美しいからである。したがって、業平一行も秋の宇津の山にいる設定で、色づいた木蔦《きづた》（この図版は白黒だが）がふんだんに描き込まれている（図19）。しかし、八橋を通ったのが夏で、宇津の山で季節が変わったことが物語中にまったく書かれていないため、夏のままで設定されている絵も多く、こうした絵では木蔦も青々としている（図20）。

さらに、歌枕の季節は、ふつう、場所の名前の語呂合わせから決められる。宇津の山で、人は最初「鬱」な気分だが、それが「現《うつつ》」（覚醒状態）となる。したがって、明るい光あふれる夏に合うのである。

図19　深江蘆舟『蔦の細道図屛風』（江戸中期）。東京国立博物館蔵。

図20　酒井抱一『宇津山図屛風』（江戸後期）。米ファインバーグ・コレクション。

前述の業平と斎宮が交換した和歌において、二人は眠っているのか目覚めているのかわからないと言っている。この暗くて狭いが、夏を感じさせる山道で、業平は悟りを得る。そして、富士を見上げ、武蔵野へと下っていくのである。

男たちは隅田川に至る。「武蔵の国と下総《しもつふさ》の国との中に、いと大きなる河あり、それをすみだ河といふ」。一行は渡し舟を見つけ、迫る夕暮れに追われるように急いで乗り込む。川の途中で、聞き慣れない鳥の声を耳にするが、それは「都鳥《みやこどり》」であると教えられる。

乗りて渡らんとするに（……）白き鳥の嘴《はし》と脚と赤き、鴫《しぎ》の大きさなる、水のうへに遊びつゝ魚をくふ。京には見えぬ鳥なれば、みな人見知らず。渡守に問ひければ、「これなん宮こ鳥」といふを聞きて、

名にし負はばいざ事問はん宮こ鳥わが思ふ人はありやなしやと

とよめりければ、舟こぞりて泣きにけり。

こうして業平らは、下総（しもつふさ、しもうさ）、現在の千葉県で舟を降りる。十から十三段では、武蔵野における業平の数々の「偉業」が語られる。滞在中、何人もの女性と寝所を共にした業平にとって、武蔵野は確かに閑散とはしていたが、決して寂しい場所ではなかった。もっとも有名なものは、第十二段の「人のむすめをぬすみて」の部分である。注目

したいのは、武蔵野のような遠隔の地にあっても、「ぬす人なりければ、国の守《かみ》にからめられにけり」と書かれているように法と秩序が存在したということである。この盗人探しの絵も残されている（図21）。後に、江戸の女たちは、業平のような洗練された男にさらってもらえるその女の幸運をうらやんだりもしたが、そこにはこの御法度に対する罪の意識もあった（図22）。武蔵野が江戸になってからは、特に規律は厳しくなっていた。

隅田川の渡しには名前がない。もちろん十世紀にどのような渡し舟があったかを知る由もないが、江戸時代にはいくつか名前がわかっているものがある。その中でも三つの有名な渡しが浅草の上流寄りにあり、竹屋渡し、白鬚《しらひげ》渡し、橋場渡しと呼ばれていた。竹屋渡しは、江戸側が今戸《いまど》や待乳山《まっちやま》という場所だったことから、今戸渡しや待乳渡しとも呼ばれていた。橋場渡しは、向島（下総）側に水神《すいじん》神社があったため、水神渡しとしても知られていた。また、橋場渡しの名は、これら三つの渡しの総称としても使われた（第五章地図V参照）。江戸時代までには、業平一行が乗った渡しは、三つの渡しの中でも一番上流にある水神渡し（または橋場渡し）だろうというのが定説になっていた。この説は、業平の寂寥感とも一致する。なぜならば、広重の冬の三帖絵に描かれているように（水神は右手下方）（図23）、この地域は、十九世紀に入ってからも、江戸の側でさえ何もない原っぱが広がっていたからである。ここも江戸の名所となり、多くの絵に登場することになった（図24）。

渡し舟には年代も不詳な人々が乗り込み、都鳥が数羽描かれることもあった。江戸の地図

図21　嵯峨本『伊勢物語』(1608) より。

図22　鳥文斎栄之『「武蔵野」を夢で見る美人図』(江戸中期)。大英博物館蔵。

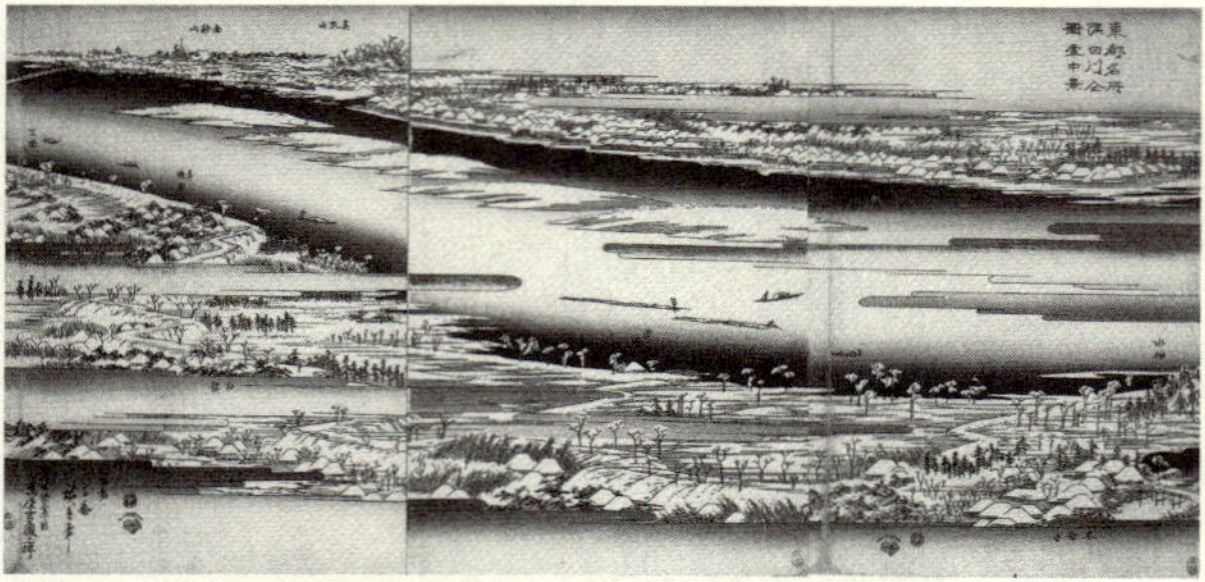

図23　歌川広重『東都名所 隅田川全図雪中景』（江戸後期）。

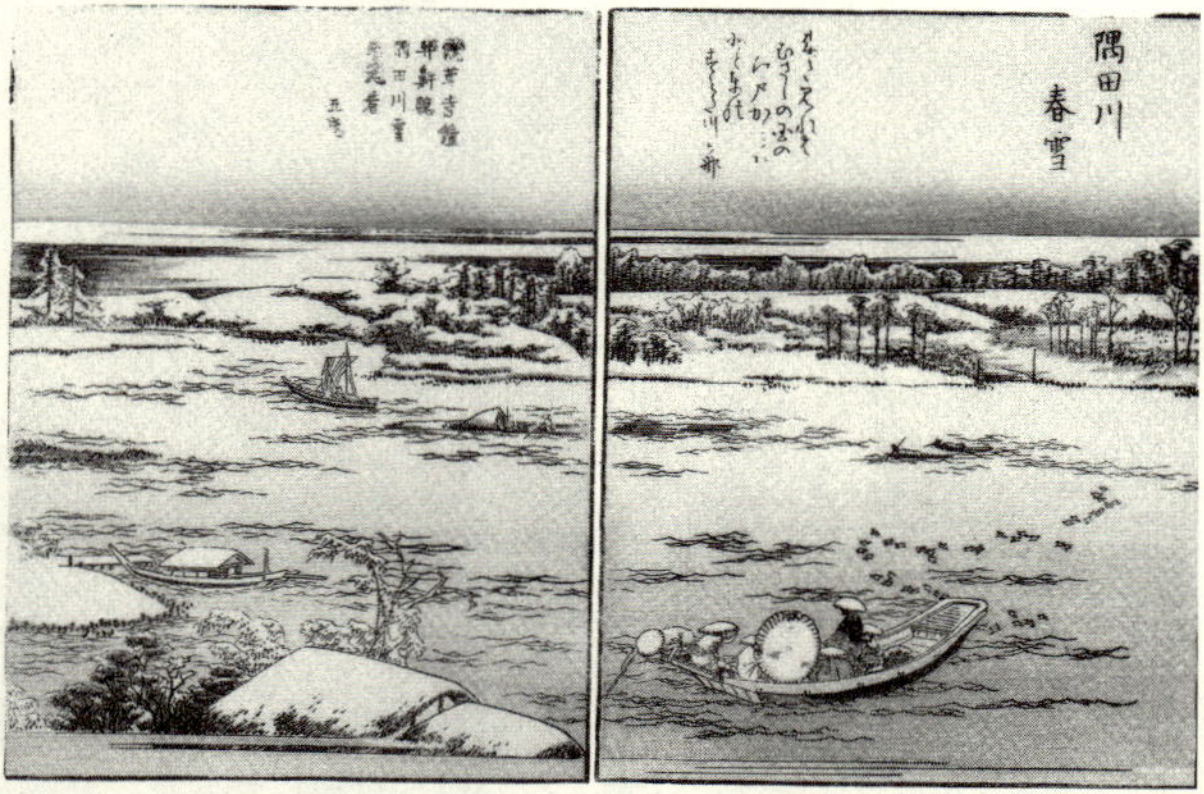

図24　葛飾北斎『絵本東都遊』（1802）より「隅田川 春雪」。

には、かの鳥が鳴いたという場所を特定し、しるしを付けたものも出回っていた（図25）。また、橋場の三つの渡しのもっとも下流にある竹屋渡し（今戸渡し、待乳渡し）は、吉原通いの男たちが集まった今戸（第五章参照）に位置し、そこには「みやこどり」という名の茶屋があった（図26）。このようにして都鳥の地が、江戸第二の歌枕となった。京と武蔵野の違いに静かに思いを馳せる場所であり、鳥の美しさが武蔵野に高潔な感じを与えていた。

しかしながら実際には、「みやこどり」と呼ばれる二つのまったく異なる種類の鳥が存在する。ひとつは『伊勢物語』に登場する、鴫《しぎ》くらいの大きさの鳥で、これはユリカモメのことだと言われている。この鳥はいつも単独で見られ、『伊勢物語』の一行が見たのも一羽のみであった。ところが現実には、この鳥は江戸時代にはこの地域ではあまり目にされることはなく、そのため、もともと別の鳥であるチドリも「みやこどり」と呼ばれるようになった。こちらの都鳥も絵に登場していて、たとえば広重『名所江戸百景』には、今戸の瓦窯《かわらがま》の近くを飛び交い、川面に浮かぶチドリの都鳥が描かれている（第五章図24）。チドリの都鳥は群で描かれるのが普通であり、今戸焼の人形にもこの都鳥をかたどったものがある。また、『絵本隅田川両岸一覧』で北斎は、両方の都鳥を描いている（第五章図13）。

浅井了意（伝）の『江戸名所記』（一六六二）にも『伊勢物語』の引用がみられるが、描かれているのは同時代の風景で、渡し舟が向こう岸の今戸へ向かい、チドリの都鳥が飛んでいる。季節は冬、「隅田川の雪」と題にある（図27）。

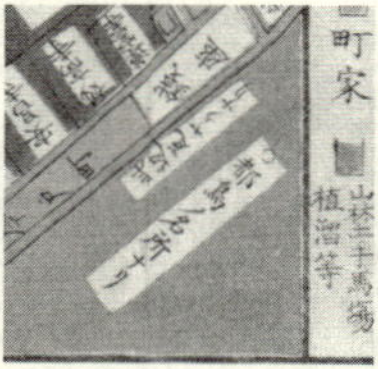

図25 『今戸箕輪浅草絵図』（1864）。（浜田義一郎編『江戸切絵図：金鱗堂版』東京堂出版、1974）。川の中に「都鳥ノ名所ナリ」のしるしがある（上は拡大図）。

図26 歌川広重二代『東都三十六景』（1863）より。

図27　浅井了意（伝）『江戸名所記』（1662）より。

図28　長谷川雪旦画、斎藤幸雄他編『江戸名所図会』（1863）より。

図29　葛飾北斎『美やこ登里』（1802）より。

橘枝直《えなお》の和歌も添えられている。

すみだ川水のうへにもふる雪の　きえのこれるは都鳥かも

『江戸名所図会』の隅田川の渡し（橋場渡し）の項でも『伊勢物語』が引用されているが、こちらに描かれているのは業平と友人たちを思わせる古《いにしえ》の廷臣たちで、「角田河渡」と題されている。業平の和歌が添えられ、はっきりとは判別しがたいがユリカモメの都鳥らしき鳥が飛んでいる（図28）。

解釈の自由が大きいのは明らかで、ときにはどちらの鳥を描いているのか、見分けがたいこともある。しかし、北斎が一八〇二年にその名も『美《み》やこ登里《どり》』という狂歌絵本を制作したときには、彼は正確さをこころざし、蔵前《くらまえ》（この場所については第五章で取り上げる）の川面近くを飛ぶユリカモメの都鳥を描いた。三人の江戸女と奉公人が川辺を歩いているが、チドリの都鳥はこの風景からは締め出されている（図29）。

梅若丸

水神神社は、それ自体、決して重要な場所ではない。『江戸名所図会』にも、業平の川渡りはあるが、この神社は出てこない。ただ、その六百メートルほど北に、木母寺《もくぼじ》というひじょうに重要な寺があった。それは、初期の江戸図屛風にも描かれ、もちろん『名所図会』にも収められている（図30・31）。木母寺には、水神から歩いていくこともできたし、隅田川から舟で内川《うちがわ》と呼ばれた全長二百メートルほどの支流に入っていくこともできた。その寺は支流沿いではなく、その中にあり、橋で陸とつながっていた。この周辺は、松林と、植木屋《うえきや》半右衛門《はんえもん》が経営する植半《うえはん》という料亭で有名だった。この料亭は多くの通人でにぎわった。その向こうには御前栽畑《ごぜんさいはた》があり、江戸城へ野菜を供給していた。

木母寺は業平の時代にこそなかったが、中世の創建だといわれている。おそらくは『伊勢物語』の時代のすぐ後、九七七年に建てられた一つの墓を中心に発展したらしい。その墓も歌枕になり、和文において、その墓について書かれる場合、渡し舟や業平にも言及されるようになった。

その墓を紹介した文学作品で、もっとも有名でおそらくはもっとも古いものは謡曲で、世《ぜ》阿弥《あみ》の息子・元雅《もとまさ》の代表作である。この作品は『隅田川』という題で、十五世紀初め、木母寺創建とほぼ同時期に書かれた。この謡曲は江戸時代もっとも盛んに上演されたが、その理由はもちろん、この名作を通して江戸の正統性が立証されたからである。

元雅は、業平のものとは別の渡し舟での出来事を通じて、その墓の由来を語る。それは業平が川を往来してからしばらく経った、ある日のことである。墓は建てられたばかりで、寺

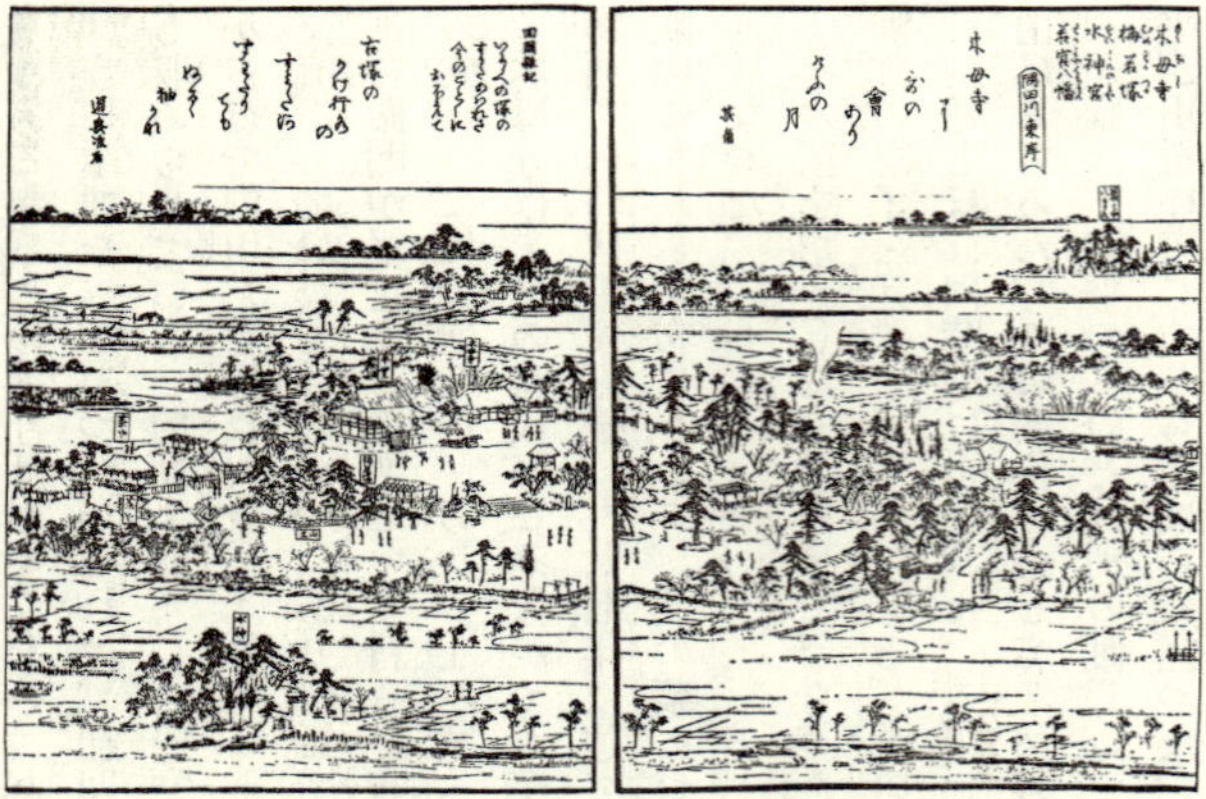

図30　長谷川雪旦画、斎藤幸雄他編『江戸名所図会』(1836) より「木母寺 梅若塚 水神宮 若宮八幡」。

図31　画家不明『江戸名所遊楽図屛風』(江戸初期)、部分図。細見美術館蔵。

はまだなかった。この元雅の謡曲には二つのバージョンがあり、いずれも「旅の男」が登場するが、一つでは都から戻った東国の男、もう一つでは「都の男《みやこ》」となっている。すなわち前者では地元の男で、後者では業平の再来のような男なのである。

ここでは本歌取りの手法が使われており、元雅の作を理解するには『伊勢物語』を知っていなければならない。元雅の謡曲は季節を春に設定しているが、墓の由来が都での楽しい生活が失われたことと関連しているので、業平の旅の哀愁は保持されている。

謡曲は、客を待つ舟人と、旅の男の到着で幕を開ける。出発しようとしたその時に一人の女が姿を見せたため、出発を遅らせて女を待つ。その女は明らかに狂っており、心ここにあらずといった風情である。舟人は二人の客を乗せて川を渡る。途中、女は、その同じ場所で以前業平が渡し舟に乗り都鳥を見たと話す。ふと数羽の鳥の姿に目を留め、女は尋ねる。

のう舟人あれに白き鳥の見えたるは、都にては見馴《みな》れぬ鳥なり、あれをばなにと申し候ふぞ。

舟人は答える。

あれこそ沖の鷗よ。

すると女は舟人をたしなめる。

うたてやな浦にては千鳥とも言へ鷗とも言へ、などこの隅田川にて白き鳥をば、都鳥とは答へ給はぬ。

対岸が近づいてくると、女は、そこの一本の柳の木の周りに人々が集まっているのを見る。舟人は、ちょうど一年前、三月十五日に亡くなった人の墓前で大念仏をするため集まっているのだと説明する。亡くなったのは、人買いに連れて来られた一人の少年で、不慣れな旅で具合が悪くなったために捨てられてしまった。土地の人々が看病したのだが、その甲斐もなく死んでしまった。さらに舟人は、その少年は都の生まれで、名は吉田梅若丸《うめわかまる》、自らの墓に柳の木を植えてくれるよう頼んだのだと語った。

狂女は実は都の女で、彼女自身の東下りの旅をしていた。業平が追放されたのは男の性愛ゆえだったが、彼女の場合は女の家族愛によるものである。というのも彼女は、人買いにさらわれた息子を探していて、それが彼女を狂わせているのだ。こうして、女と舟人は、その行き倒れの少年こそがさらわれた息子だと気づく。舟人はその墓に女を連れて行く。墓前では人々が「南無阿弥陀仏」と唱えている。女は「都鳥も音《ね》を添へて」と付け加える。すると、どこからか別の声が聞こえてきて、息子の霊が現れる。女は息子の手を取る。そしてしばらくして霊は消えていく。

母にて　ましますかと、互ひに手に手を取り交《か》はせば、また消え消えと　なり行けば、いよいよ思ひは真澄鏡《ますかがみ》、面影も幻も……

この謡曲の主人公は、少年ではなく、その母親である（いくつかのバージョンでは少年は実際には登場しない。また、それは世阿弥の指導によるものと言われている）。しかし、平安時代の風習から、女には名前がなく、ただ「梅若の母」と呼ばれている。この梅若という名は、梅が古来象徴してきたものに由来している。梅の木は古い方が見栄《みば》えが良く、「若梅」はまだ最高の状態に達していない。人々は梅の木が歳を重ねるのを心待ちにしていたわけだが、この少年は、哀しいことに、成熟を迎えずして死に至ってしまったのである。

江戸時代には、梅若の命日には毎年、大念仏興行が行われるようになっていた。しかし、三月は梅の花が咲く季節ではなかったので、ちょっとしたズレが生じた。木母寺の境内にも梅の木はなかった。しかし、実際には花開かずに散っていった梅若の悲劇を思うと、それはそれで理にかなったことなのだろう。少年の遺言の通り、その墓の上には一本の柳の木が植えられていた。古来、柳の絡みつく枝は絶望に身をやつした女の絡み合った髪の毛を象徴し

図32　歌川広重『名所江戸百景』より「木母寺内川御前栽畑」(1858)。

図33　歌川広重『江戸高名会亭尽』（江戸後期）より「木母寺雪見」。

た。とすれば、この木は、梅若の母の狂おしいまでの愛情を示しているとも考えられるだろう。

このように、木母寺は悲劇の舞台である。したがって、それが描写される季節は、『伊勢物語』の夏でも『隅田川』の春でもなくて、殺伐とした冬であった。広重が描いた植半の風景は桜が咲く春に設定されているが、これはおそらく御前栽畑が描かれていたためだろう(図32)。現に、この数年前に同じ風景を描いた作品では、御前栽畑はなく、季節も冬になっている(図33)。なお、隅田川のこの地域が冬で描かれるには別の理由もあり、次の第五章で詳しく述べる。

隅田川のこの地域は、浅草の上に位置し、人々を深く考えさせる場所だった。そこは江戸の鬼門で、町を守っていた。そこは不安の地だった。しかしまた、そのおかげで情緒的、歴史的、文化的な深みが生じ、江戸の中心の安全と繁栄とが保障されたわけである。

第五章　吉原通いの図像学

吉原は幕府公認、江戸随一の遊郭（郭《くるわ》）である。もともと現在の日本橋人形町付近にあったが、開業して四十年足らずで「振袖火事」（一六五七）で焼失。その後、浅草寺の裏手に移され、その地で（火災による一時的な仮宅営業を除いて）江戸時代の終わりまで栄えた。したがって、現在通常「吉原」と呼ばれているのは厳密にはこの「新吉原」で、それ以前の「元吉原」とは区別される。吉原の移転には、夜間の遊興には大火の危険が付き物、というもっともな理由もあったのだが、同時に幕府の不興の表れでもあった。というのは、移転先は町の鬼門である北東であり、吉原はいまや刑場・畜殺場・瓦工場、非人小屋などに囲まれることになったのである。江戸の中心から吉原までは片道二時間もかかり、男たちは町の生活とはかけ離れた世界へ足を踏み入れなければならなかった。

吉原の歴史に関してはさまざまな研究がなされているが、そこまでの道行きについて書かれたものは皆無である。しかし、その道程は、郭というものを、地理的な距離感はもとより心理的にも隔絶された世界とするのに、重要な役割を果たしていたのではないだろうか。江戸の男たちが吉原へ行くのにどのような道を通ったか、またその道すがらどのような経験をしたのか、この章で考えていきたい。

吉原へ通じる道は四本。しかし、もっとも利用頻度が高く、この章で取り上げる道は、柳橋から始まる。柳橋は、神田川が、大川すなわち隅田川に合流する手前に架かっている。この道程の大部分は大川を上る水路で占められ、遠く今戸まで続いている。陸路はそこから吉原までの最後の一部分だけである（地図V）。

神田川は、その河岸に十八世紀中頃に植えられた柳並木で有名だった。橋は以前からあったのだが、植樹後「柳橋」と呼ばれるようになった（またこのため、江戸の別の場所にあった「柳橋」が、「元柳橋」と改名された）（図1）。この橋のたもとには貸し舟の船着き場があり、日中はさまざまな場所へ向かう人々でにぎわった（図2）。しかし、夜になると普通の舟客の往来は途絶え、吉原通いの男たちがこれを独占した。七百艘もの舟が集まり、客引きの女たちに付き添われた男たちが次々と吉原へと向かった。

舟は重要な交通手段として江戸の人々に日常から親しまれていたが、吉原への船旅は一風変わったものだった。まずは、江戸の他の場所では見られない、「猪牙舟《ちょきぶね》」と呼ばれる細長い特殊な形の高速船が使われた。普通河川の乗物といえば大型の渡し舟と相場が決まっており、さまざまな年格好の客を大勢乗せて、騒々しい江戸の町中を縦横に走る狭いお堀を往来していた。ところがこの猪牙舟は個人客用だった。客が三人と船頭が一人乗ればいっぱいになる大きさで、ほとんどの男たちは先を急いで一人で利用した。

図１　鳥文斎栄之『吉原通い図巻』（1810頃）、部分図。出光美術館蔵。

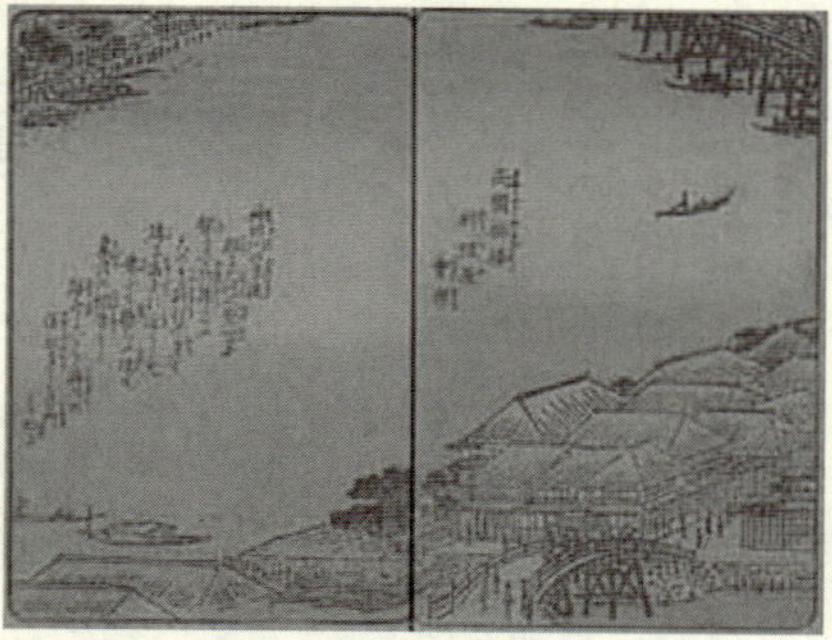

図２　歌川広重『絵本江戸土産』（1850）より「両国柳橋」。

江戸の人々は、この船上でかつて経験したことがない孤独な状況に陥ることになる。裕福な者は何人もの従者から解放されることがほとんどなく、一方、金銭的に余裕のない者は町の喧噪《けんそう》から遠ざかる機会にめったに恵まれなかったからである。船上に男はひとり。船頭は後方で音もなく舟を漕いでいる。暗闇がこの気味悪いほどの孤独感を際立たせる。男の目が暗闇に慣れてくると、川岸の様子がうっすらと見えてくる。このような体験は、二百年以上にも及ぶ吉原の繁栄の中で、多くの随筆、日記や川柳に書き残され、また肉筆画や版画の題材にもなった。これらの記録から、吉原へ通う男たちがどのような物事を観察したのか、またそれが吉原までの道程全体の中でどのような意味をもつのかを読み解いていきたい。

江戸の町中を離れる男たちが最後に目にするものは、河岸の柳並木だった。この柳にはお決まりの象徴的な意味があった。その枝のもつれ合う様はしばしば狂女や女幽霊の髪の毛に見立てられた。さらに当時の江戸では、女が幽霊になる理由はただ一つ、恋の裏切りであった。これは吉原へ向かう男への警告にもなった。ほとんどの男には妻があり、でなければ許嫁《いいなずけ》がいたからである。この柳の象徴は吉原への旅の最後にもう一度出現する。

橋

柳橋から少し下流には両国橋があった。両国橋は元吉原が引き払うのとほぼ同時期に建設されたものである。猪牙舟はその下を通らずに、逆方向へ向かった。両国とは、その名が示す通り、関東の武蔵と下総の両国を結んでいた。大川を上る旅は、すなわちこれら二つの国《くに》境《ざかい》にある未開の地に沿って進むことだった。郭へ向かう者は、世間から隔絶されどちらの国にも属さない境界の地を進んだのである。この境界性《リミナリティ》は、次の川柳に記されている。

二カ国のまん中を行く　その早さ

第一章でみてきたように、橋の建設はしばしば慈善行為を意味した。両国橋とさらに下流の二本の橋は、いずれも幕府が交通のためばかりではなく自らの美徳と権力を誇示するために建設したもので、巨大な記念碑的建造物だった。したがって、吉原への旅が大川に架かるこれら三本の橋の後に始まるということは、ひじょうに重要な意味を持っていたのである。猪牙舟は、これらの橋に象徴される統制された社会というものから、男を引き離していくものだった。男は、日常を離れて、非現実的な「浮き世」へと向かったのである。

この状況は一七七四年に変化した。両国橋よりも上流にはじめて橋が架けられたのである。これが大川橋で、通称吾妻橋と呼ばれていた。この吾妻橋という通称にはさらなる考察が必要であろう。第四章ですでに述べたように、「あずま」とはこの地方の古来の名称である。あずまに身を置くには、幕藩体制以前の昔に時をさかのぼらなければならない。なぜならば、あずまとは江戸の町が開かれる前の、荒涼とした「東」の地を意味するからである。したがって、吾妻橋と呼ぶことは、革命や戦争という手段によらずして、時代錯誤《アナクロニズム》によって、江戸幕府を象徴的に倒すことになる。このことは、吾妻橋が幕府によって建てられたものではなく、地元の出資によるものである事実によっても強調される。

このように、吾妻橋において徳川体制は消え失せた。川を上った舟は、やがて右岸に着けられ、男は舟を降りて吉原への道を急ぐのである。

建物と樹木

再び旅のはじめに戻ると、柳橋を出た猪牙舟は、右岸に沿って進んでいく。最初に視界に入るのが、右岸に建ち並ぶ蔵前《くらまえ》または御蔵《おくら》と呼ばれた将軍の米蔵である。昼間は荷の上げ下ろしをする人足たちでごった返すこの地区も、夜になるとひっそりとした静寂に包まれる。城に供給される物資の豊富さを象徴する蔵の列も、今は深い眠りに落ちている。そしてこれこそが幕府が社会と取り交わした契約だった。幕府は年貢を取り立てる代わりに、人々の平和と安眠を保障するのである。しかし、舟に乗る男はといえば、目はすっかり冴えわたり、平常心を失っている。正常とはまったく逆の状態なのである。

不在の図像学ゆえに、それらの蔵が実際に描写されることは稀で、御用絵師の作品の中でさえも意図的に隠されるのが常だった（図3・4・5）。実際、そのような場所は描写されなかったというだけではなく、通常人々からは見えないようになっていた。もちろん城を完全に隠してしまうことは不可能だったが、幕府関係の土地や建物のほとんどは塀で囲われていた。この蔵前の埠頭も町からは決して目に入らない場所だった。しかし、川の側からは見ることができたのである。船上の男もこのことを承知していて、正式には禁じられ、堅気の生活の場からは知りえない、善良な人々が寝静まった後に舟に揺られなければ見ることのできない、この特別の景色を楽しむのである。

蔵前の十の埠頭のちょうど中間地点に、一本の松の木が植えられていた。松は、柳と同様に、決して珍しい種類の樹木ではないが、一般に象徴的な意味をもっていた。常緑で寿命が長いことから、強靱・恒久不変・支配者の権力などの象徴とされた。徳川家はその所有地を示すために松を植樹することを慣わしとしていた。

したがって、蔵前にもその中間地点に一本植えたわけである。松と支配者の権力との関連は、四季や年月の移り変わりに左右されないという松の性質によるものである。しかし、蔵前の松の木はまた特殊だった。松の木であるという意味ではその象徴性には変わりはないのだが、その形容がその象徴するはずのものを裏切っていたのである。正常と異常が逆転する男の心理に呼応するように、この木は「上下逆さま」だった。

一般に「首尾の松」として知られていたこの松の木は、その「首」が「尾」の下に位置す

図３　鳥文斎栄之『吉原通い図巻』（1810頃）、部分図。出光美術館蔵。

図４　狩野休栄『隅田川長流図巻』（1751-64）、部分図。大英博物館蔵。

図５　鳥文斎栄之『吉原通い図巻』（1804-18）、部分図。Christies New York, 27/10/1998

るという逆さまの木である。つまり、松の枝が水面に向かって下向きに生えていて、木の根元より低い位置にあったのである。支柱を組んで固定していなければ、宙返りでもしそうな感じである。歌川広重はこの松の日中の様子を二枚の団扇に描いている。一枚は川を上る時で、もう一枚は下る時の様子である（図6・7）。

首尾の松は転換の図像としては完璧である。まずは、「首尾」には恋の成功という意味もあるため、懸詞《かけことば》になっていて、それが郭での成功を望む男の心情と重なっている。しかし、松の木は川沿いの代表的な幕府の御用地内に生えているため、その成功が幕府のお墨付きであるかのような矛盾を生じる。もっとも、郭を公認したのはそもそも幕府であったわけで、吉原への旅に関しては幕府の規制はそれほど厳しくなかったわけである。朝になって人足や役人たちがそれぞれの職務に戻れば、松の木もまっすぐになるのではないかと想像することもできるが、帰りの舟では夜遊びの後の眠りにつく男たちにそれを確かめる術《すべ》はなかった。

地面と水平に枝を伸ばした首尾の松は、対岸にある平戸藩主松浦《まつら》家の屋敷内の椎《しい》の名木が天に向かってまっすぐ伸びる姿と好対照を成していた。このひじょうに背の高い木は、あとで述べる吾妻橋、待乳《まつち》山と共に、吉原道中の三高地点の第一に数えられていた。暗闇を進む舟は、この木を目印に舵を取った。川柳に曰く、

猪牙ハ皆椎の木へ矢を放す也

図６・７　歌川広重『東都名勝草木八景』より。

椎と松にならんで猪牙を通す也

松浦家は古い家柄ではあったが、大名の中では決して地位は高くなかった。そこで別の川柳では、

しいの木ハ殿様よりも名が高し

とからかっている。このように、これらの松と椎に関しては、自然の作った姿と社会的地位は必ずしも一致していなかったわけである。

この松と椎のある地域には御蔵橋《おくらばし》の渡しの発着場があったが、夜間は運航されておらず、この転倒もまた夜の舟に乗ってそれらの木の間を抜けて吉原へ向かう男たちだけに約束された光景だったのだ。

また、椎には椎で象徴するものがあった。七十五歳にして四位《しい》から三位《さんみ》へと昇進した源 頼政《みなもとのよりまさ》である。頼政は「しい」の地口で有名な和歌を詠んだ。

上るべきたよりなき身は 木の本に椎を拾ひて世を渡る哉

地図Ｖ　隅田川と吉原の周辺

この頼政の歌を本歌にした、次のような川柳もある。

椎の木ハ今もかくれて行く所

頼政が求めたのは田舎での隠遁生活であったが、川柳のいう「隠れ里」とは吉原の別称でもあった。

宗教的な意味

吉原道中の次の名所は、これら二本の木からは少し離れている。それは駒形堂という建物で、吾妻橋を隔てて浅草寺に隣接していた(図8・9)。浅草寺と同様に観音様を祀っていたが、駒形堂のものは馬頭観音だった。江戸の北東部は寺の多い地域で、駒形堂もその一つだった。

浅草寺の対岸には、三囲《みめぐり》神社があった。船上の男はすでに国境に沿って進み、二本の名木の間を抜けてきたが、今度は寺と神社の間を通ることになるのである。もっとも、神仏習合はすでに進んでおり、両岸は竹屋渡しで結ばれていた。

浅草寺は庶民的。三囲神社は歴史は古いが質素で、お稲荷様を祀るものだった。お稲荷様

図８　画家不明『江戸風俗図巻 浅草』(1730頃)、部分図。大英博物館蔵。

図９　葛飾北斎『絵本隅田川両岸一覧』(1801) より「駒形の夕日栄」。

のお使い、狐は変化《へんげ》の性で、人間界と異界の間を往き来すると考えられていた。男はここで別の世界へ入り込むことになる。すなわち、水上から陸上へ移動するのである。

三囲神社も人を惑わせる性質を持っていた。狐のように、この神社もある意味で複数の場所に遍在していたのである。建物に変わったところはなかったが、増水に備えて土手が高く築かれ、舟の上からは鳥居の天辺《てっぺん》、笠木のあたりしか目に入らなかった（図10・11）。実際には川岸が高くなっていたのだが、浮き世特有の逆転の発想から、鳥居が低くなっているものと想像する者もいた。

土手へ鳥居がめり込んだように見へ

竹屋渡しはもともと「待乳《まっち》渡し」とも呼ばれていたが、これは第四章でも触れた待乳山（真乳《まっち》山、真土《まっち》山、信土《まっち》山とも）に由来する。待乳山の上には聖天宮《しょうてんぐう》が設けられ、婚姻の神を祀っていた（図12）。女たちはここへ来て良縁に恵まれることを祈ったわけだが、吉原へ向かう男にとっては皮肉なものだった。聖天は両性具有の姿で表された。妻たちは亭主が言うところの浅草寺・三囲詣でを信用してはいなかった。それはしばしば吉原へ行く口実に利用されたからである。

しかし待乳の宮は男の心にも不安をかき立てた。なぜならば、吉原へ通うことで必然的に

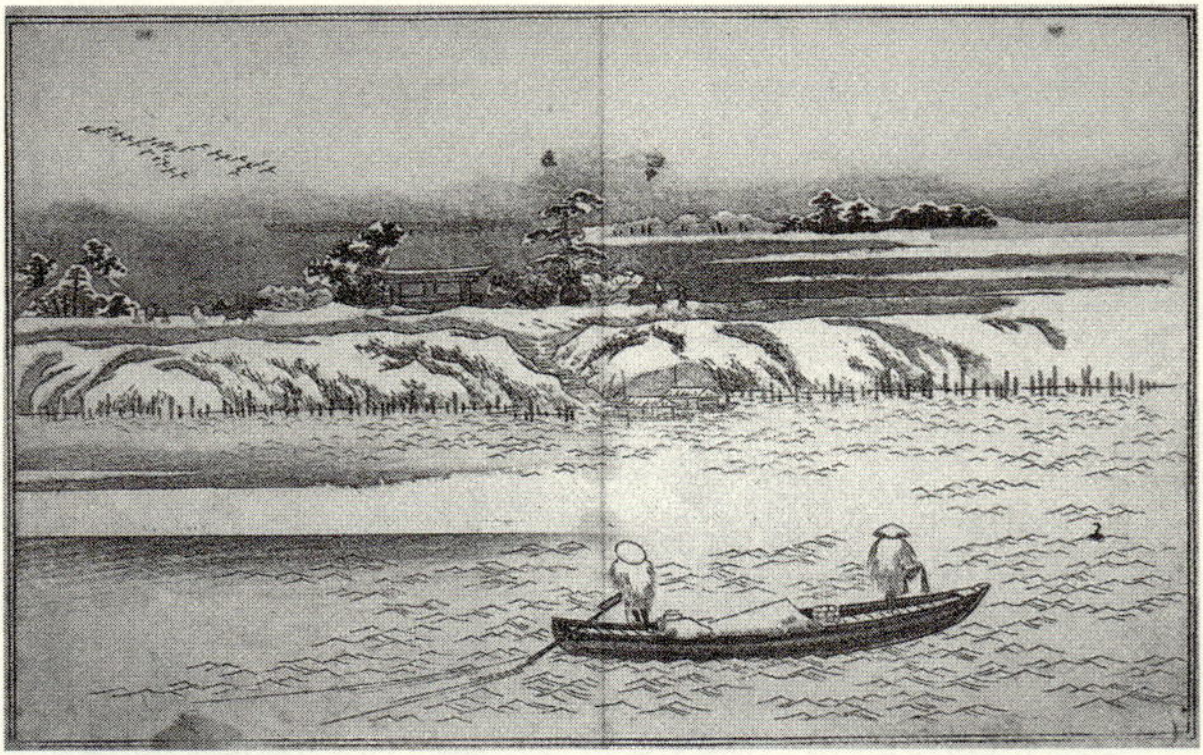

図10　喜多川歌麿『絵本銀世界』（1790）より。大英博物館蔵。

図11　歌川豊春『浮絵　三廻之図』（1780頃）。

図12　歌川広重『江戸八景』より。

揺らぐ自らの夫婦関係に思いを馳せることになったからである。待乳山はかつてはかなり高かったようだが、日本堤を築くにあたってこの山を削り、その土が使われた。要するに、結婚生活への願望を低くすることによってはじめて、吉原への道が通じるわけである。当時の江戸では見合い結婚が普通だった。したがって、結婚には大きな希望を抱かないほうが賢明だったのである。

日本堤

この三囲神社と待乳の宮のある地点から、舟は大川を離れる。

早い舟鳥居より先キ用はなし

ついでに少し足を伸ばして第四章で紹介した木母寺へ立ち寄る者もいただろう。しかし、吉原へ向かう舟は、今戸で右岸へ寄り、山谷堀《さんやぼり》へ入り、今戸橋（または山谷橋）の下をくぐる。

今戸橋上より下を人通る

この橋でも正常性の転換が行われていた。下を通る者たちはみな吉原へ向かっていたが、上を通る人々のほとんどは、当時の被差別民の仕事場である瓦町へと向かった。北斎筆『絵本隅田川両岸一覧』(一八〇二)には、瓦職人、瓦を焼くための薪の山、待乳神社に向かう美人、都鳥などが描かれている(図13)。

瓦師の知つたふりするみやこどり

待乳聖天宮からは、山谷一帯を見下ろすことができた(図14)。浅草から待乳にかけての展望は、有名な浮世絵師、北尾政美の掛物(一七八〇年代)に描かれている(図15)。

ここで舟は六十から七十戸にも及ぶ船宿の一つに停まり、男は待ち合わせている友人の到着を待つのである。

今戸から吉原までの距離は八丁、すなわちおよそ一キロで、全行程の四分の一ほどになる。川を行く間は男は現実生活から切り離されていたが、岸に着くことで再び現実に戻るのである。ここから歩いて行くことも決して不可能ではないのだが、客待ちのかごが何百とあり、その中から一丁雇うのもいいだろう。というのも、猪牙舟が吉原へ行くための特別な乗物であったのと同様に、かごもまた特別なものが用いられていたからである。江戸の辻かご

図13　葛飾北斎『絵本隅田川両岸一覧』（1801）より。

図14　歌川広重『江戸八景』より「真乳山ノ秋月」。

は左右が開いているのが普通で、完全に閉じられたかごを用いることができるのは武士階級に限られていた。吉原のかごは「四つ手」と呼ばれるもので、四人の人足が駅伝形式で担ぎ、小さな格子状の覗き窓が開いている以外は四方とも閉じられていた。したがって、自らの社会的地位に関係なく、誰もが大名や将軍にでもなった気分でかごを乗り回すことができたのである。

恋の部で余国にハない　舟とかご

図15　北尾政美『隅田川眺望図』（1780年代）。出光美術館蔵。

さらに、一七八〇年代になると、四つ手は江戸の町一般にも導入され、「吉原かご」として親しまれた。しかし、町触れで窓を取りつけなければならなかった。今戸までの旅には、数多くの見所または名所があり、一種の「道行き」であった。日本文学において「道行き」は必ず死で終わる。今戸で、観音を祀った浅草寺で、男たちの市民としての体は死に絶えるのである。

日本を八丁行くと仙女界

この道はあの世へと通じている。四つ手の中で外界から遮断されて、自分がどのくらい旅をしたのか曖昧になってくる。それはまさに、死に至り、観音によって蓮の花びらに包まれ浄土へ運ばれていくような経験である。

土手を歩いて吉原へ向かう場合、両側には海でも陸地でもない湿地帯が続いている。道はその曖昧な場を突き抜けている。談義本作者の捨楽斎《しやらくさい》は『当世穴噺《とうせいあなばなし》』（一七七一）の中で、日本堤を「化け物の道」と名づけた。ここではさまざまな変化が見られた。郭で刀は御法度だったので、捨楽斎曰く、武士は刀を今戸の船宿か、堤にある中宿と呼ばれる荷物預かり所に置いていかねばならなかった。大小を持たねば侍にあらず。男は帰路今戸を発つときにはまた侍に戻るが、吉原へは町人として到着することになる。侍も町人も同じ人間として扱われるのである。

捨楽斎によると、僧侶が吉原へ出入りすることは禁じられていたので、中宿で僧衣をあずけ、医者の服に着替えたという。なぜならば、医者も僧侶と同様に剃頭《ていとう》していたからである。第三章でも紹介したが、浅草寺と寛永寺の梵鐘を聞いた松尾芭蕉は、次のような名句を詠んだ。

花の雲鐘は上野か浅草か

捨楽斎はこれを次のようにもじった。

土手を行く医者ハ上野か浅草か

もちろんこの「医者」とは僧侶のことで、果たしてどこのお寺からだろうと言っているのである。

捨楽斎は数々の化け物を昆虫学的に次のように説明している。

世の中の化物を見るに孑々《ぼうふら》は羽を生じて蚊々と飛びあるき、うじも又羽を生じて蠅々と飛あるく、芋虫は蝶々と変じ、傾城《けいせい》は地女《じおんな》と化し遊山に出、男は女に化てイヨイヨお山と称られ、大小舟宿へあずけて町人と化、出家は医者と化。

遊女は郭を離れることができるように「地女」（普通の女）になり、男は歌舞伎の「お山」（女形）になる。誰もが自由気ままに享楽を味わう。捨楽斎は吉原を心から愛していたが、同時にその危険性も指摘している。蝶は幼虫よりも美しいが、蛹《さなぎ》の固い殻を破ったあとはあまり長生きはできない。吉原は屈折した現実であり、決して現実に代わるものではない。一夜以上の長居は無用である。

まもなく道は左手へ下り衣紋坂《えもんざか》へ差しかかる（図16）。倹約令で着物に贅《ぜい》を尽くすことは禁じられていたが、吉原の中に限っては許されていた。男はこの場所でとっておきの羽織に着替えたり、着ている羽織を裏返しその凝った裏地をあらわにしたのである。男たちは、文字通り裏と表をひっくり返して、遊び人としての裏の姿で郭に入ったのである。

衣紋坂には二つの見所があった。右手には市中で見るような高札が立っていて、郭での条令が詳細に書かれていた。それは吉原が将軍によって認可されていることを示すもので、その認可はいつ取り消されても不思議はなかったのである。左手には「見返り柳」が立っていた。朝、今戸に戻る男たちが名残を惜しんで振り返った柳である。こうして柳の木の下で始まった旅が、柳の木で終わることになるのである。ただ、なぜかこの柳は明朝の帰り道の意

図16　喜多川歌麿『狂月坊』(1789) より。

味づけしかされていない。まるで夜間には柳が見えないかのように。
男はかごを降り、郭の大門《おおもん》口を入る。その中には極楽が待っている。山谷からの二本の道は、一本は橋を渡って瓦造所の業火が絶えることのない瓦町へ、もう一本は日本堤から吉原へと続いていた。

極楽と地獄の道ハ山谷堀

一般に仏教で極楽は「十万億土」彼方にあると言われていた。これをもじって、衣紋坂から大門口までの平地を合わせた距離が五十間（約九十一メートル）あることから、この道は「五十間道《ごじっけんみち》」と呼ばれていた。

極楽と此世の間《あい》が五十間

つまり吉原へ行く間に、死を免れない人間から不老不死の極楽往生への、究極の変身が瞬間的になされたわけである。

四季と伝説

五十間道の平坦な部分には店が軒を連ねており、右手に十三軒、左手に十二軒あった（図17）。もともとこれらの店は顔を隠すための菅笠《すげがさ》を商っていたが、徐々に軽食や小間物を販売するようになった。

たとえば、十八世紀の終わり、右手の七軒目の店はつるべ屋という有名なそば屋で、左手の七軒目の店では蔦屋重三郎《つたやじゅうざぶろう》が浮世絵や絵本を売っていた。一七八二年、重三郎は、一七一八年から隔年出版されていた『吉原細見《さいけん》』という案内書の版権を買い取った。これにより、吉原の情報そして伝説の形成と流布に、重三郎が重要な役割を果たすようになる。客たちは、実際に吉原を見たり体験したりする前に、蔦屋の版画や絵本をめくり、その表象を消費したのである。しかし、この店の場所柄、顧客層には自ずと限りがあった。吉原へ向かう男たちは必ず店の前を通ったわけだが、江戸の男たちが皆この前を通るわけではないし、女性は皆無だった。

そこで、『細見』を買い取った翌年、重三郎は江戸の通油町《とおりあぶらちょう》にも店を構えた。この店の様子は、北斎の『絵本東都遊』（初版『東遊』一七九九、再摺一八〇二）に描かれており、数え年五十の重三郎の姿を店の奥に見ることができる（図18）。この店は、他の浮世絵商と

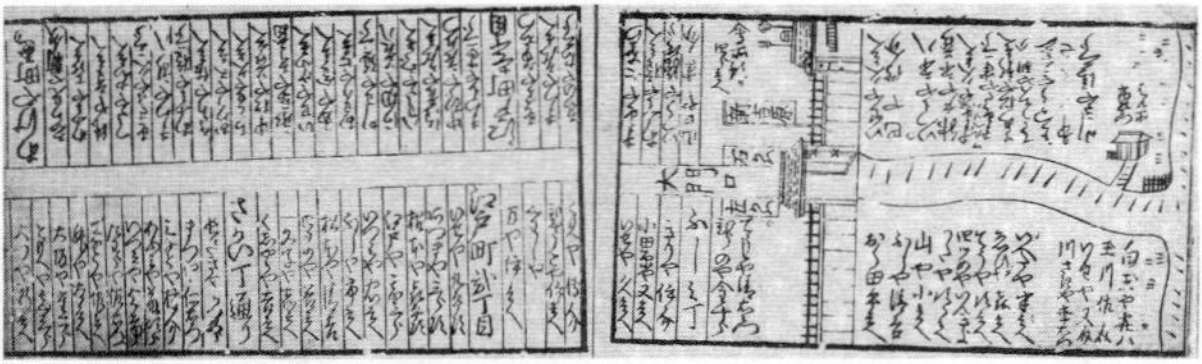

図17　画家不明『吉原細見 花の源』(1775)。

図18　葛飾北斎『絵本東都遊』(1802) より。

同様、夢のような浮き世と現実の世の境目を乗り越えたのである。幕府は郭を鬼門へと追放したが、今や遊里の文化は町中へ台頭してきた。このことは少なからず幕府の不安の種となった。十九世紀初頭、森山孝盛《たかもり》という役人は、当世の母親たちが自分の娘を浮き世風に着飾らせていると嘆いた。孝盛によれば、この風潮は宝暦年間の初め、すなわち一七六〇年代、錦絵《にしきえ》が最初に流行した時期に始まったという。

宝暦の始めより……子どもは花かんざしとて、美しく花を付たるかんざしをさせり。是は畢竟《ひっきょう》よし原の禿《かむろ》のあたまを真似たるなり。（『賤《しず》のをだ巻』）

浮き世の文化が堅気の世界に入り込むことに対する懸念は、吉原開業当初からのものだが、後になってこの懸念がかつてないほど強くなったことは確かである。

浮世絵に関する学術的研究は盛んに行われているが、吉原通いの描写を一括して論じた研究は皆無である。隅田川の情景は遅くとも十八世紀から浮世絵の題材となっていた。そして、小林忠教授が「『隅田川両岸図巻』の成立と展開」の中で明らかにしているように、一七八〇年代、武士階級の鳥文斎栄之《ちょうぶんさいえいし》がこの題材に熱心に取り組んだ（図19）。栄之は、『隅田川両岸図巻』、『隅田川両岸図屏風』、『隅田川両岸画帳』などで、主として江戸の中心から上流に向かっての景観を描き、さまざまなパノラマ構図の実験を行った。栄之の作品を一八〇

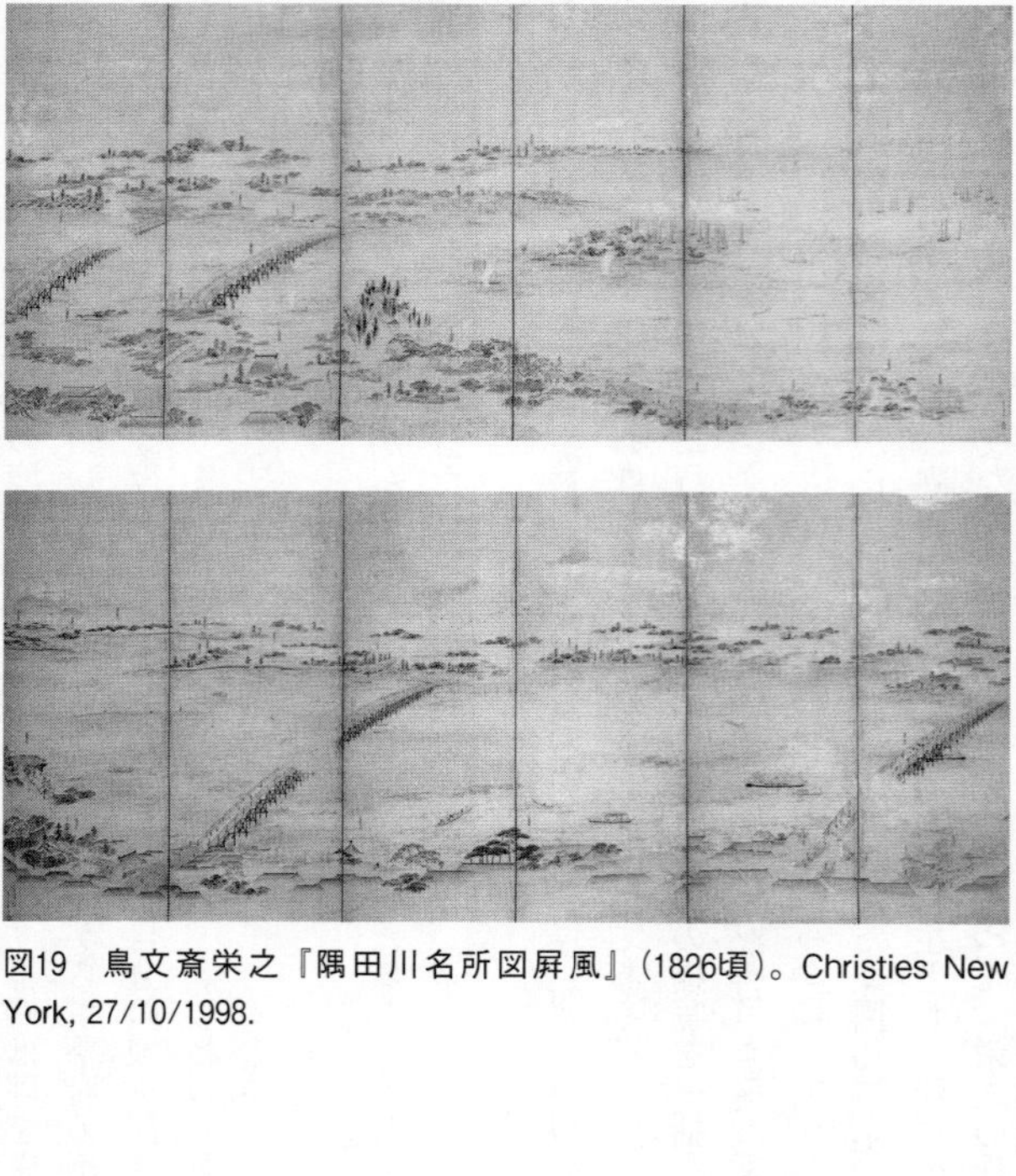

図19　鳥文斎栄之『隅田川名所図屛風』(1826頃)。Christies New York, 27/10/1998.

○年に江戸で買い求めたのが、他ならぬ内裏光格《こうかく》天皇（これ以後「院」ではなく「天皇」の称号が復活）の兄に当たる妙法院宮で、京へ持ち帰り、養祖母であり皇位を剝奪された後桜《ごさくら》町院《まちいん》に献上したという（内藤正人「鳥文斎栄之の、いわゆる〝吉原通い図巻〟について」参照）。

もちろんこの作品が隅田川の美しさを表した作品であることに疑いはないのだが、悪所が描かれていたかどうかは不明である。しかし、栄之の浮き世趣味を思えば、大川を柳橋から今戸までにとどめ、日本堤を加え、その先の五十間道から吉原までを描いたと考えるのが妥当だろう。そして、この『隅田川両岸図』をもとに、『吉原通い図巻』が誕生したのである。『吉原通い図巻』において、栄之は時折人物を登場させている（図1・3・5）。しかし、それらの人物はしばしば福神《ふくじん》で、新年を象徴している。したがって、栄之はこれらの作品を新年の祝賀のために制作したのかもしれない（図20・21）（図21ではかごが開け放しになっているが、これは中の福神を見せるためで、事実を反映しているわけではない）。また、別の可能性としては、作品が武士と町人のどちらにも受け入れられるための工夫とも考えられる。武士か町人のいずれかが描かれていたのでは、必ずどちらか一方が疎外されることになってしまうからである。

同じ頃、武士階級の有名な戯作者、蜀山人《しょくさんじん》こと大田南畝《なんぽ》は、戯文『かくれ里の記』（一七八一執筆）を著した。この作品がおそらく、南畝同様武士で道楽者であった森島中良が『七

図20　鳥文斎栄之『福神吉原通い図巻』(1810)、部分図。個人蔵。

図21　鳥文斎栄之『円形福神吉原通い』(1810頃)、部分図。個人蔵。

図22　歌川国貞画、大田南畝著『かくれ里の記』(1836)より。

福神双六《すごろく》』を発表する引き金となったのであろう。周知のように、双六遊びは旅の形式をとっているが、これらの作品は共に神々が吉原へ旅する話になっている。いずれも図版は入っていないが、これは栄之の考えと思われる。南畝の草稿は一八三六年にはじめて本となり、これには歌川国貞《くにさだ》の浮世絵が付けられたが、自身明記しているように、その絵はすでに亡くなっていた栄之の古図に基づいている（図22）。

こうして江戸の町が大きくなりその名が全国に知れ渡るようになると、図版入りの案内書や名所図集が次々と出版された。それらの作品には吉原道中の名所もいくつか含まれており、また郭に関する言及も（図で示されることはほとんどなかったが）あった。たとえば、歌川広重の『名所江戸百景』（一八五六—五八）には、百十八枚に及ぶ図が収められていたが、すでに触れた首尾の松（図23）、橋場の渡し、瓦町（図24）、木母寺（第四章図32）など吉原通いの要所も多数含まれていた。ここでは、吉原道中の最後の三地点である今戸、日本堤、そして大門口の図を検討してみたい（図25・26・27）。

一枚目は舟を降りる今戸の様子を、川の対岸から見たものである。船宿や茶屋には灯りがともされ、山谷堀の入口は猪牙舟で混み合っている。芸者が一人通り過ぎる（彼女は遊女ではなく演奏家である。したがって吉原の外に出ることができるのである）。広重の『百景』のほとんどに季節が描かれているが、この絵では明らかに雪が舞う冬である。この浮世絵については後ほどまた戻ってくる。

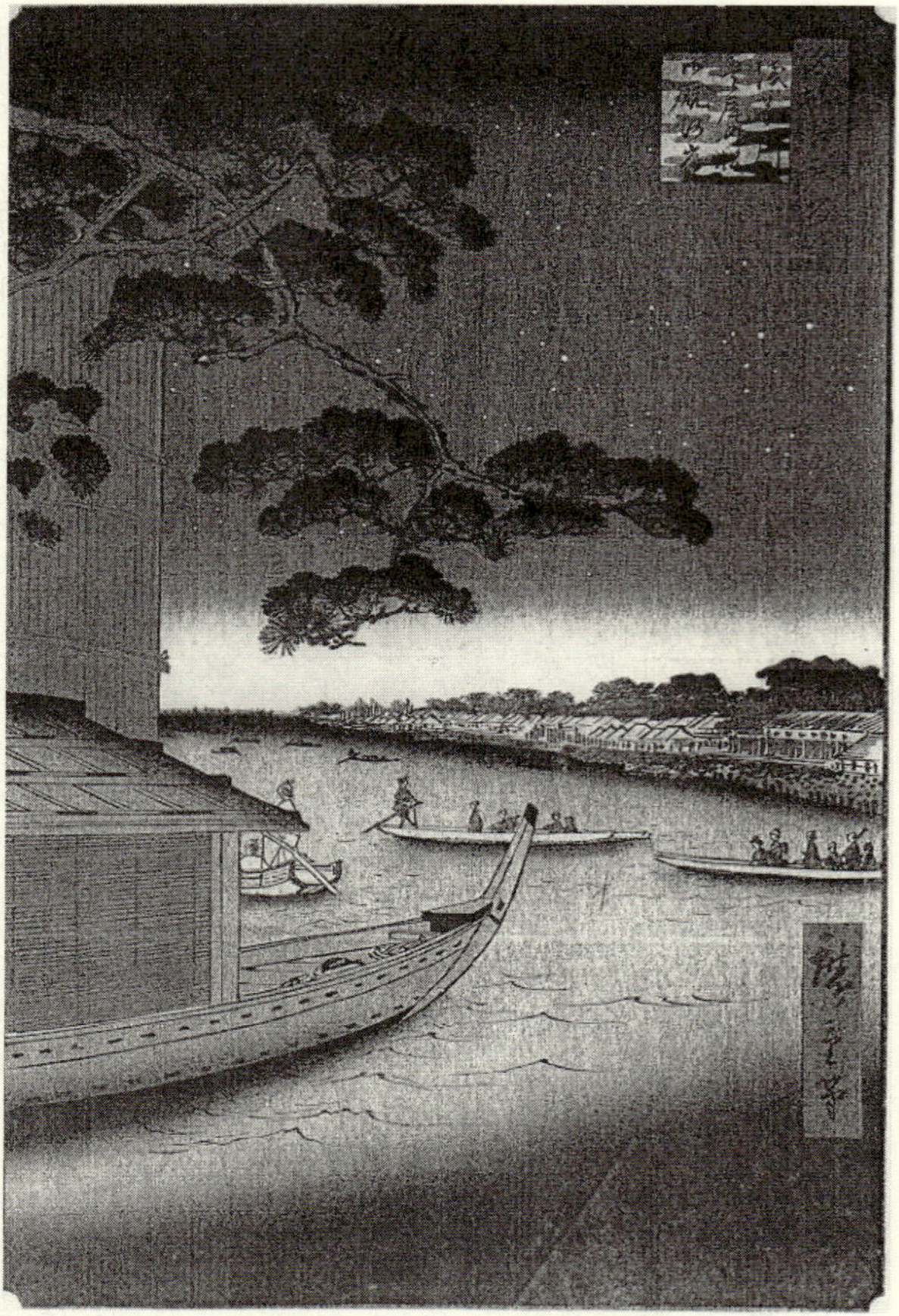

図23　歌川広重『名所江戸百景』より「浅草川首尾の松御厩河岸」(1857)。

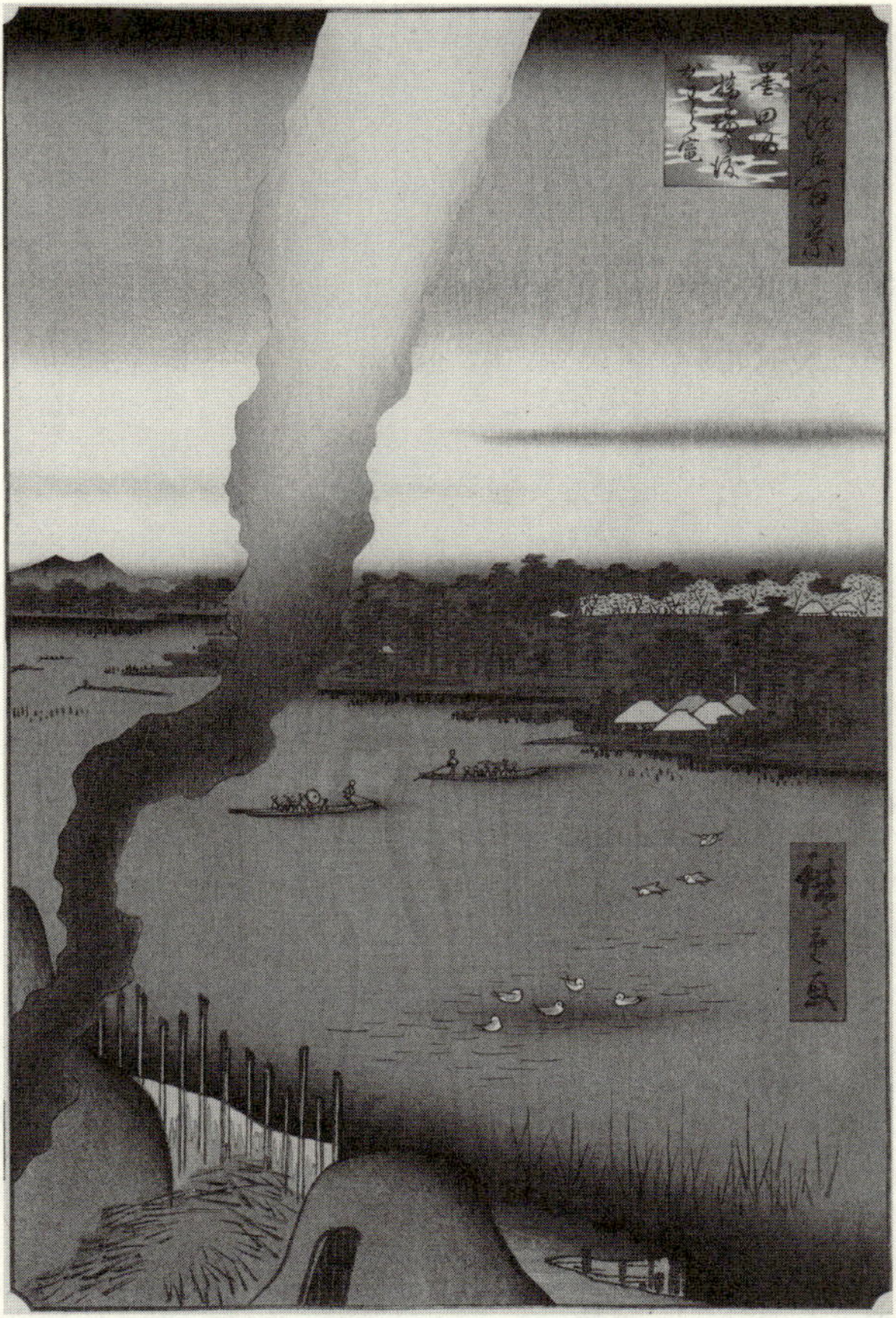

図24　歌川広重『名所江戸百景』より「墨田河橋場の渡かわら竈」(1857)。

図25　歌川広重『名所江戸百景』より「真乳山山谷堀夜景」(1857)。

図26　歌川広重『名所江戸百景』より「よし原日本堤」(1857)。

図27　歌川広重『名所江戸百景』より「廓中東雲」（1857）。

二枚目は日本堤で、軒を連ねる小屋の間の道を、男たちが、ある者は徒歩で、ある者はかごに乗って行き交う様子が描かれている。堤防は川でも陸地でもない湿地帯の中を横切る。雁《かり》の群が空にかかる月の上を横切る。大きな月は通常秋を意味する。広重の絵には江戸の秋に付き物の雨が欠けているが、春信の弟子春重《はるしげ》（司馬江漢）などの作品では雨が降っている（図28）。

実際、ほとんどの浮世絵師が秋雨の日本堤を描いている。雨は川の水と乾いた陸地の境目を曖昧にする。そして、「女性」（陰）の要素として、先を急ぐ男たち（陽）を程よく濡らすのである。この秋の季節感は、堤防沿いに吉原を越えた先にある正燈寺《しょうとうじ》によっても裏打ちされている。その寺は紅葉が有名で、葉が色づく季節になると多くの観光客が訪れた。

正燈寺何かれつぽとすぐ通る

ここが脚光を浴びるのは年に一度の秋のみで、その時期のみ寺の名前も「正洞寺」と書き直されていた（図29）。

三枚目の広重の絵は、朝の大門口で、見送られながら男たちが吉原を発つ様子が描かれている。季節は春である。吉原は、女性美の象徴である桜の名所であった。吉原を題材にした何千枚もの絵の中で、春以外の季節で描かれているのは一枚あるかないかである。

図28　鈴木春重『風流七小町 雨乞』（1775頃）より。

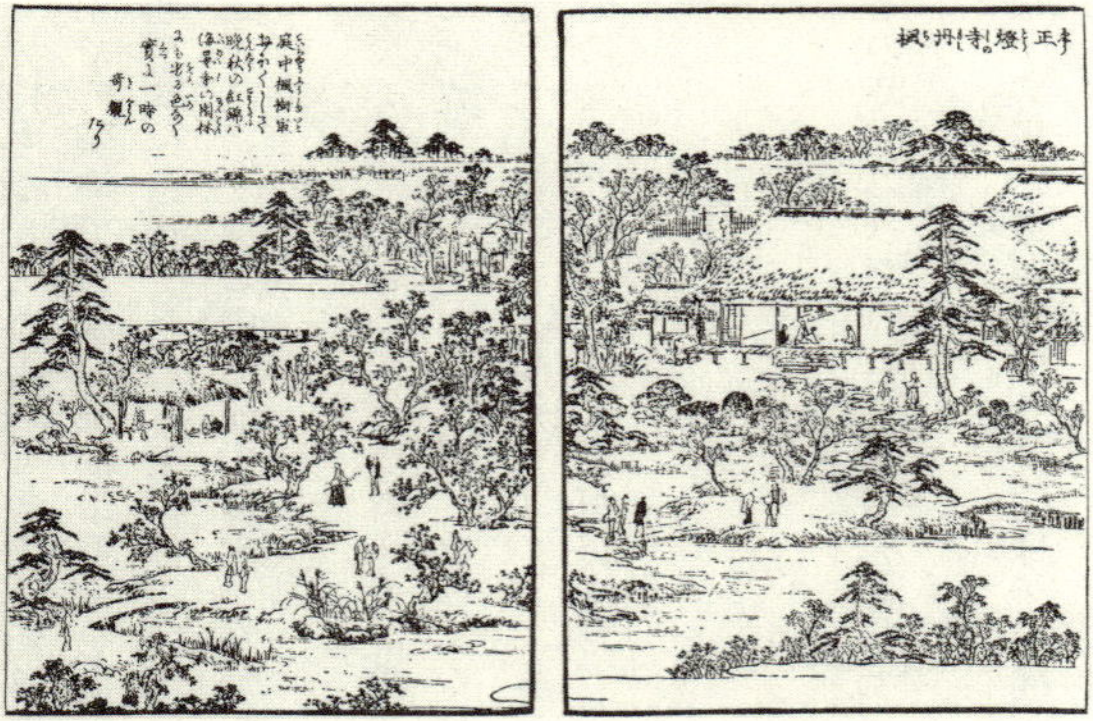

図29　長谷川雪旦画、斎藤幸雄他編『江戸名所図会』（1836）より「正燈寺の丹楓《もみじ》」。

秋の日本堤、春の吉原は定番となっていたが、秋が春の前にあるので季節が逆になっている。

南畝は『かくれ里の記』の中で福神について次のように書き記している。

遊びかたきのやうにて、春の花のもとにかへる事を忘れ、秋の月の前にうかれありき給へり。

すなわち、それは新年を祝う本であるにもかかわらず、福神は夏に吉原へ向かう設定になっているのである。これはおそらく春と秋との関連の洒落のためでもあろうが、江戸幕府の威光が太陽と結びつけられていた事実も見過ごしにはできない。城は、隣の富士山と共におめでたいときに描かれることが多かったため、しばしば新年の描写に含まれていた。とすると季節は冬ということになるが、太陽は常に燦々《さんさん》と輝いていなければならなかった。雪が積もっている場合でも、それが解ける様子が描かれた（図30）。

江戸の市中が夏ということになると、四季を網羅するには、どこかに冬を設定しなければならなかった。そこで今戸が選ばれたのである。広重や歌麿など何人もの浮世絵師たちが、冬の今戸を描いている（図10・12・13・31・32・33・34。第四章図26も）。今戸と冬の関連は、そこが道行きの終点で、心中の名所であった事実ともつながっている。天国へ行くか、

図30　歌川広重『名所江戸百景』より「日本橋雪晴」（1857）。

図31　葛飾北斎『東都勝景一覧』（1800）より「三囲」。

図32　司馬口雲坡『今戸之渡 雪之景』。（ヘンリー・スミス編『浮世絵にみる江戸名所』、岩波書店、1993）

図33　歌川広重『東都名所之内 隅田川八景 三囲暮雪』（1850年代）。

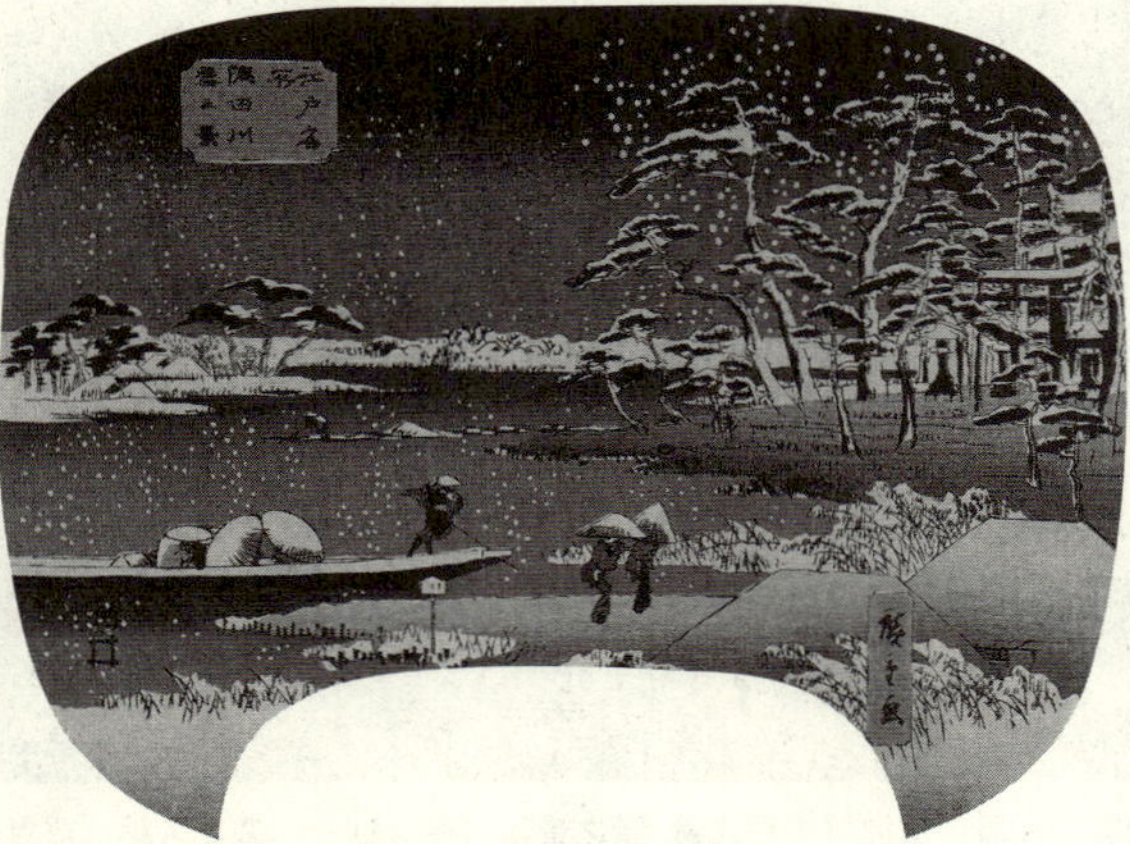

図34　歌川広重『江戸名所 隅田川雪之景』（1850年代）。

地獄へ行くかの分かれ道だったのである。死は万人に必ず訪れるものだが、南畝はこれを洒落に使っている。この地は常に「今」であり、ゆえに誰もが死ぬ間際の最後の現実である「今」を経験するのだと。

江戸から今戸までの三キロの道のりは夏で、今戸から吉原までの一キロの間に冬、秋、春が凝縮されている。もっとも、これでは四季の順番がおかしい。男が遊びに行くとき、順番が狂ってしまうのである。しかし、この番狂わせは、今戸から吉原までの間に限っては、次の朝に解消される。家へ戻るとき、春に始まり、秋、冬と辿ることになる。そして、ちょうど江戸の町が朝日に輝く頃、幕府の太陽が降り注ぐ夏に到着する。

詩歌や絵ならば、文化的法則に当てはまるよう、自由に季節を変えることができる。しかし、自然もまた芸術を模倣するのである。もちろん雪を降らせたり空に雁を飛ばしたりすることは不可能だが、吉原では毎春本物の桜を人為的に演出していた。つまり、吉原は春の桜の季節がもっとも美しいとされたが、これは自然の桜の名所とは類を異にしていた。絵の中の吉原の桜は常に満開であるが、それは実際にもそうだったのである。吉原の桜は地中深く根を張ったものではなく、文字通り「浮かんで」いた。というのも、咲き始めた桜の木を見つけては、それを郊外から運び、植樹していたからである。

年年歳歳客を呼ぶために植え

そして花が終わると取り払われた。葉桜や裸の桜は吉原には存在しなかったのである。

時の操作

江戸の中心から大門口までは二時間ほどの旅だった。江戸の時報は現在のものとは異なるので、多少の注釈が必要であろう。江戸時代の一刻（または一時《いっとき》）は、現在の二時間に相当する。したがって、一昼夜は十二刻に分かれていた。ただし、これはあくまでも基本で、実際には一刻の長さは一定していなかった。毎日、日の出から日の入りまでが六刻、夜間が六刻に区切られていたからである。要するに、季節によって一刻の長さが変わり、一刻がちょうど二時間になるのは昼夜の長さが同じ春分と秋分だけだったのである。

刻は九ツから四ツまで降順で数え、三ツから一ツは存在しなかった。午前〇時の九ツから始まり「明け六ツ」で夜が明け、四ツまで数えたあと、正午十二時が九ツとなる。以後、「暮れ六ツ」をへて夜の四ツにいたる。第一章でも述べたように、町中にいくつもの鐘が設置され、時を報せていた。

吉原へ向かう男は、夜五ツ（午後八時頃）過ぎには町を出て、大門の閉まる時刻までに到着するようにした。それより遅いと吉原の中へは入れず無駄足になってしまうからである

（しかし、実際には遅く到着した客のための通用門が夜通し開いていたようである）。男たちは町での仕事を早めに切り上げたい衝動に駆られることもあっただろうが、これを防ぐため、すべてがねじれている吉原では時をもねじってしまった。三田村鳶魚《みたむらえんぎょ》が「時刻の話」で詳しく述べている。吉原では大門を閉める終業時間は四ツ（午後十時頃）と定められていたが、これでは早すぎて商売にならない。そこで四ツの鐘のさいには郭内に時を告げる拍子木を打たずにおいて、九ツ（午前〇時）になったときに「引け四ツ」と称して四ツの拍子木を打つという詭策が編み出された。現在の時間で説明すると、午後八時から午前〇時のあいだは刻の区切りが取り払われ、きわめて曖昧になり、さらには繰り返されたのである。そして二刻（四時間）後、再び時が回りだすのである。

こうして、江戸から吉原まで二時間かけて移動した男は、江戸を発ったのと同じ時刻に吉原へ到着することになる。自分で時計を持っている者などほとんどいなかったし、舟の上で時の経過を計れる手段はなかった（輸入物の懐中時計は出回っていたようだが、時の制度が異なるためにほとんど役に立たなかった）。水上では、江戸の時鐘も、ましてや拍子木の鳴る音などまったく聞こえなかった。したがって、これほどまでに意味のある旅に、時の要素が欠如していたのである。再び道行きとの類似に気づく。道行きには決められた時間も空間もないからである。

この刻の繰り返しのなかで、大門口に閂《かんぬき》が下ろされる。こうして浮き世と現実の世との往来が遮断され、吉原は一刻遅らせたままで活動を開始するのである。

確かにこれは混乱をもたらしたに違いない。しかしこのようなズレの感覚は決してここだけの話ではなかった。江戸の町の反対側では、時が別の方向に操作されていた。新宿は山手《やまのて》の屋敷から仕事場へ通う御家人や旗本の江戸への入口だった。ここの時鐘は時間を逆方向にずらせた。この鐘は独立した時の鐘ではなく、天龍寺の管轄にあった（図35）。朝、幕府の役人が城での職務に遅れないように、その鐘は実際の時よりも（一刻ほどではないにしても）早めに鳴った。

図35　天龍寺梵鐘、新宿。

吉原の中で

吉原に一歩足を踏み入れると、この世は新しい様相をまとった。ただ重要なことは、吉原の提供する浮き世の享楽が必ずしも自由を意味するものではなかったということである。吉原は、町の法律の圏外に置かれ、そこでは身分制度の厳しさも薄れてはいたが、その場独自の規律が確立していたのだ。野暮と呼ばれることの恐れから、皆この規律に従った。吉原でいかに振る舞ったらよいのかを知るためには、何度も通いつめる必要があった。この知識をもつ者は「通人」と呼ばれた。文字通り「(吉原へ)通った人」という意味である。

このように、ある種の男たちをその道の通人に仕立て上げたのは、吉原通いをしたことがあるという事実だった。彼らは吉原通い道行きの名所を頻繁に訪れており、しばしば山谷で象徴的な死を体験し、日本堤に運ばれ、衣紋坂で新調した美しい着物に着替え、身分制度に束縛されない世界で極楽往生した。栄之、南畝、中良、捨楽斎、その他無数の名もなき川柳作家たちは、みな通人であった。彼らはその旅を何度も実践し、さらにそれを文化的体験に昇華したのである。

吉原はしばしば極楽を連想させ「仙女界」と呼ばれた。また「吉原国」や、吉原特有の言い回しにちなんで「アリンス国」などと、まるで大名が治める一国あるいは外国のように呼ばれることもあった。

しかし、ここはあくまでも日本である。変形してはいるものの、江戸幕府が治める国の一部なのである。幕府の規定にしたがって、建物は通常の町中の建物のように建てられ、道も町中の道と同じように敷かれていた。さらに吉原の中のそれぞれの地区には、江戸町、京町、堺町など普通の町の名前が付けられていた。幕府にしてみれば、吉原は、全国の権力の中心地に不本意ながらも必要不可欠で、厄介なものに過ぎなかった。しかし常連にしてみれば、吉原こそが全世界だったのである。日本地図に吉原を重ねた図が何枚か出版されている。これらは実際に地図として利用するには役に立たないものだが、吉原を日本全国に相当するものとして（もちろん浮き世の話ではあるが）提示している。このような作品の一つが、東武《とうぶ》隠士《いんし》馬耳《ばじ》風軒《ふうけん》の一枚刷り『永代遊里雑書』（一七八〇頃）の一部「遊国図」である（図36）。

ここに描かれている国は、変形鏡を通して見た日本の姿である。しかし、ここで第一章を思い出してもらいたい。吉原通いを可能にした「化け物の道」は、日本堤と呼ばれていた。ほぼ確実に、それはもともと「二本」であったものが「日本」と書き換えられたに違いない。すなわち、享楽の世界へ入るために、徳川の天下を脱出する必要はまったくなかった。そもそも遊郭に免許を発行し、その運営を認めたのが徳川自身だったからである。

図36　東武隠士馬耳風軒画『永代遊里雑書』（1780頃）より。（『京伝・一九・春水』図説日本の古典 18、集英社、1989）

家路

一七九五年頃、蔦屋重三郎は喜多川歌麿による一連の浮世絵を『青楼十二時《せいろうじゅうにとき》』と題して発行した。「青楼」とは一般に遊郭を歌に詠むときに使われた語で、江戸っ子の歌麿にとって吉原を意味した。それらの浮世絵は一昼夜を表していた。すなわち亥《い》の刻（現在の午後九時から十一時）の間の吉原到着（図37）、そして卯《う》の刻（現在の午前五時から七時）の間の帰宅（図38）を含む、一日二十四時間である。

歌麿の絵には、客は登場しない。それを買った男がそれぞれに自分で客の役割を果たすからである。眠れない夜を過ごし髪のみだれが目立つ卯の刻の遊女は、男に羽織を手渡す。その羽織の派手な裏地はもとのように裏返されている。そこにみとめられる鄰松《りんしょう》の文字は、当時流行の鈴木鄰松のことである。鄰松は歌麿とも親しく、一七九四年には狂歌本『春の色』、一七九七年には『柳の糸』を共著している。

一七九八年、おそらくは『青楼十二時』と同時期に、重三郎が当時大人気の式亭三馬《しきていさんば》による洒落本『辰巳婦言《たつみふげん》』を歌麿の絵入りで発表した。三馬は、宗理《そうり》の絵を裏地にした羽織を着て郭へ向かう通人について書いているが、その宗理とは北斎が一七九五年から一七九八年にかけて使った名前に他ならない。「辰巳」とは、深川にあった認可を受けていない郭（岡場

図37　喜多川歌麿『青楼十二時』より「亥の刻」(1795？)。

図38　喜多川歌麿『青楼十二時』より「卯の刻」(1795？)。

所）の異名である。厳密には吉原ではないわけだが、ここでの議論には差し支えない。三馬は裏地にどのような絵が描かれていたか具体的には述べていないが、歌麿の挿絵から禅宗の開祖達磨《だるま》だったことがわかる。吉原での一夜の後、男はこの世の些事《さじ》を超越した状態、つまり悟りにも似た状態にある。裏地の絵が隠されているのも、現実の世界に戻るに際して、浮き世での悟りを隠すためなのである。

遊女を女神にたとえることは決して珍しいことではなく、中世から行われてきた。西行法師は江口君《えぐちのきみ》という遊女と何度か寝所を共にしたという。そして江口君は普賢菩薩の顕現であることが明らかになる。この話は三馬の書の題の中の「婦言《ふげん》」という言葉によって示唆されている。江口君は、普賢菩薩の乗物とされる象の背中に乗っている姿で描かれることが多く、歌麿も三馬の書の扉絵にこの題材を利用した（図39・40・41・42）。さらに、遊女と達磨の結びつきは頻度が高い。一七六〇年代の春信の版画では、柳橋の客引きの女が猪牙舟の船頭を務め、達磨を吉原へ連れていく様子が描かれている。達磨は見栄えをよくしようと顔のむだ毛を抜いているが、その顔は無常の象徴である流れる川の水面に映る（図43・44）。

男は、一夜だけ家族から抜け出して吉原で遊ぶ。しかし遊女は家庭生活から完全に離れてしまっている。これはいわば出家して尼僧になったかのようである。したがって、短い夜の間、遊女は男を雑音雑念のない悟りの境地に導くのである。仏教ではこの世のすべては無常とされている。日常の世界に執着することは、浮き世に身を置くこと以上に間違った行いな

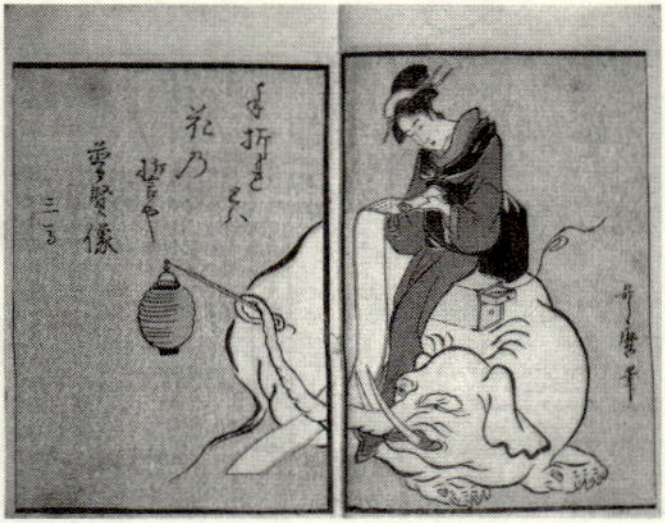

図39　喜多川歌麿画、式亭三馬著『辰巳婦言』(1798)、扉絵。

図40　勝川春章『江口の君』(1780年代)。ボストン美術館蔵。

図41　西川祐信『西行法師と江口君図』(1750年代)、大英博物館蔵。

図42　葛飾北斎『西行法師と江口君図』(1840頃)。米ジョン・ウエバー・コレクション。

図43　鈴木春信『猪牙舟と達磨』(1765-70)。

図44　鈴木春信（伝）『見立て蘆葉達磨』(1765-70)。

のである。
客は吉原を発ち、今ではもう名前には意味がなくなってしまった衣紋坂に差しかかる。

衣紋坂かへりに付けた名でハなし

今戸に向かいながら、見返り柳を振り返って見る。瓦造所ではすでにその日の仕事が始まっていて、そこから流れ出る煙があたり一帯を包んでいる。前の晩にはあれほど意味ありげに思えた景色が、今ではもう存在さえしていないかのようである。

朝帰り今戸の煙に取り巻かれ

男は舟に乗り、横になって江戸までの帰路を眠って過ごす。往路にはさまざまな意味が織り込まれていた名所を再び通るが、復路にはそれらを眺めて思いを馳せる者もいない。それはまるで巻物（おそらくは栄之の）を逆から見ているようである。前から順番に絵を見てしまった後では、それを巻き戻すプロセスはきわめて退屈である。起きている男たちも、その景色がいかにつまらないものかを述べている。たとえば例の椎の木。

左より右に見る椎おもしろい

しかしほとんどの男たちは猪牙舟の底に寝転がっていたようである。

戻る猪牙達磨もあれば寝釈迦あり

この場合男が涅槃図《ねはんず》のようなポーズを取っていたのだろう。さらには、

行く猪牙ハ座像　帰る猪牙寝釈迦

目的地に到着すると、男は船頭に起こされる。柳の並木の下で目を覚ました男は次のように詠んだ。

起きて見りや柳の下に着いて居る

あとがき

数年にわたる作業を経て、今ようやく本書を日本の皆様にお届けできることを、私は心から嬉しく思っています。

この本は、ロンドン大学の修士課程で行った一連の講義、そしてこの講義をさらに発展させて日本語で行った東京の多摩美術大学での講義に基づいています。したがって、両大学の先生方や生徒たちからいただいた激励や示唆なくしては、本書は完成しなかったと強く感じています。

さらに、私の英文原稿を注意深く日本語に置き換えるだけではなく、内容に関してさまざまな貴重な見解を示してくれた私の翻訳者、そしていつものように筆者がうっかりおかしたさまざまなミスを、根気よく拾って直して下さった講談社の皆様に、感謝を申し上げます。

異国人である筆者が、日本人に向けて、日本の歴史に関する論考を発信することができるのは、大変な名誉です。これまでにもこのような幸運に恵まれていなかったわけではありません。しかし、従来はもっぱら十八世紀末日本の視覚文化《ヴィジュアル・カルチャー》、特に日本とヨーロッパなど海外との交流に関連した問題に限られていました。今回の題材は私にとって、まったくの新領域であり、それゆえに感慨もひとしおなのです。

したがって、今回の出版には、ちょっとした恐怖心もいだいています。というのも、本書の読者の多くは、すでに江戸の歴史に関して豊富な知識をお持ちではないかと思うからです。江戸時代に関しては、さまざまな文献や言説が巷間《こうかん》にあふれており、それらは江戸学と呼ばれる独立した研究分野を成すにいたっています。江戸学に関しては、私は専門家とはいえません。読者のなかには、筆者よりはるかにこの分野に通じておられる方々がいらっしゃるのではないでしょうか。

それでも私は、江戸に関する膨大な学術書や一般書を渉猟し、ある確信をもって本書を執筆しました。それは、まだまだ語られるべきことが残っているのではないか、江戸初期の研究には新参者の異国の学者にも発言できることがあるのではないか、という確信です。読者の皆様も、本書を読み終えた後、これは価値ある仕事だったと納得していただけるものと信じています。

筆者はまた、「都市計画の詩学」という概念の有効性が認められることを希望しています。本書に収められた五本のエッセイは、まだまだ発展の余地があるものです。執筆中に、新たな章を設けて、江戸の町を他の観点から論じてみたい衝動に幾度となくかられました。しかし、これらの五章は、ただ単に五つの名所を分析したものではありません。それぞれの章で異なるテーマを取り上げ、それにさまざまなタイプの分析を同時に行うことで、「詩学」を織りなそうという試みであり、学際的《インターディシプリナリー》な研究を目指すものなのです。

いつの日か、大阪、京都や長崎など、他の町の「詩学」を試みたいとも思っています。それぞれの町が、建築物などの実体的な遺産、神話、不安、誇りとする事物、逃避のための場所を備えています。

しかしながら、江戸はこれらの町とは一線を画す特別な町です。これにはいくつかの理由がありますが、江戸がその建設当時、「都《みやこ》」とは異なる権力の中心地として、自らを定義づけしなければならなかったところに重要なポイントがあります。江戸のような偉業を成し遂げた町は、他にはあまり類を見ません。江戸の都市計画と建設、そしてこの町が精神的な場所へと発展していく過程は、きわめて興味深いテーマを提供しています。

江戸・東京は、筆者にとっても思い入れのある町です。計六年ほどの生活経験の他にも、二十回以上は訪れています。私は、この町にまつわるさまざまな物語や古今の芸術品に魅せられてきました。しかしながら、本書は決して江戸・東京をロマンティックに讃えるものではありません。むしろ、そのような書き物にありがちな、随想的なとりとめのなさを極力回避しているつもりです。

ここで取り上げた場所や地名は、今日でもその多くが現存し、また名所そのものが残っている場合もあります。本書を通して、この未曾有《みぞう》の大都市・江戸誕生の瞬間に立ち会い、その発展の過程を追体験する時間旅行を楽しんで頂ければと思います。

二〇〇七年十月三十日

タイモン・スクリーチ

参考文献

『伊勢物語』(岩波書店『新日本古典文学大系』、第17巻「竹取物語・伊勢物語」、一九九七)。

司馬江漢『春波楼筆記』(吉川弘文館『日本随筆大成』、第一期第2巻、一九七五)。

近松門左衛門『双生隅田川』(岩波書店『新日本古典文学大系』、第92巻「近松浄瑠璃集 下」、一九九五)。

C・P・ツュンベリー(高橋文訳)『江戸参府随行記』(平凡社、東洋文庫583、一九九四)。

『白楽天』(岩波書店『日本古典文学大系』、第41巻「謡曲集 下」、一九六八)。

松平定信『退閑雑記』(吉川弘文館『続日本随筆大成』、第6巻、一九八〇)。

元雅『隅田川』(岩波書店『日本古典文学大系』、第40巻「謡曲集 上」、一九六一)。

森山孝盛『賤のをだ巻』(吉川弘文館『日本随筆大成』、第三期第4巻、一九七七)。

屋代弘賢『道の幸』(存採叢書、一八八五)。

嵐蘭「冨士ノ賦」(森川許六『風俗文選』所収。日本名著刊行会『日本名著全集』、第29巻「俳文俳句集」、一九二九)。

岡野智子「江戸名所の誕生――細見美術館本「江戸名所遊楽図屏風」を中心に」(『美術史』146号、一九九九)。

小澤弘『都市図の系譜と江戸』、吉川弘文館、歴史文化ライブラリー、二〇〇二。

小林忠「『隅田川両岸図巻』の成立と展開」(『国華』1172号、一九九三、五―二二頁)。

鈴木理生『江戸の橋』、三省堂、二〇〇六。

タイモン・スクリーチ（高山宏訳）『定信お見通し――寛政視覚改革の治世学』、青土社、二〇〇三。

――――（村山和裕訳）『江戸の思考空間』、青土社、一九九八。

ヘンリー・スミス編『浮世絵にみる江戸名所』、岩波書店、一九九三。

高藤晴俊『日光東照宮の謎』、講談社現代新書、一九九六。

内藤正人「鳥文斎栄之の、いわゆる〝吉原通い図巻〟について」（小林忠編『肉筆浮世絵大観』第3巻、講談社、一九九六）。

内藤正敏『魔都江戸の都市計画――徳川将軍家の知られざる野望』、洋泉社、一九九六。

中野好夫『司馬江漢考』、新潮社、一九八六。

西山松之助他編『江戸学辞典』、弘文堂、一九九四。

『日本の美学28　橋』、ぺりかん社、一九九八。

浜田義一郎監修『江戸文学地名辞典』、東京堂出版、一九七三。

樋口穣「司馬江漢の風景画――見立て絵としての江の島・七里ケ浜図連作」（『京都外国語大学研究論叢』61、二〇〇三）。

平澤毅「江戸名所以前における名所概念の発展と文化的景観」（『奈良国立文化財研究所学報』58、一九九九）。

比留間尚『江戸の開帳』、吉川弘文館、江戸選書3、一九八〇。

守屋毅『三都』、柳原書房、記録都市生活史6、一九八一。

Burglind Jungmann, *Painters as Envoys: Korean Inspiration in Eighteenth-century Japanese Nanga* (Princeton: Princeton University Press, 2004)

John Kieschnick, *The Impact of Buddhism on Chinese Material Culture* (Princeton: Princeton University Press, 2003)

Cynthia Viale & Leonard Blusse (trans.), *The Deshima Dagregisters: Their Original Tables of Contents* (Leiden: Intercontinenta, 1997), vol. 10

Andrew Watsky, *Chikubushima: Deploying the Sacred Arts in Momoyama Japan* (Seattle: University of Washington Press, 2004)

Marcia Yonemoto, *Mapping Early Modern Japan: Space, Place and Culture in the Tokugawa Period* (Berkeley: University of California Press, 2003)

解説　図像から解く江戸

田中優子

いま私の手もとに、「江戸東京の先端的・学際的拠点形成」という分厚い書類がある。法政大学の国際日本学研究所とエコ地域デザイン研究センターが、江戸東京の共同研究を開始するための書類だ。順調にいけば、法政大学に江戸東京研究センターができる。江戸文化研究の歴史が長い法政大学に、何らかのかたちで江戸に関する研究所を作りたいと思っていたのだが、それは都市研究と合体する方法で実現する可能性が出てきた。

言葉を変えて言えば、まだ江戸東京は充分に研究されていない、ということなのである。ひとつには、江戸と東京が別々に扱われ、変化を含めて連続した都市の歴史としてとらえられてこなかった。二つめには、そのために京都、大坂と比較した三都の研究がなされなかった。三つめには、世界の他の都市との共通点と相違点、とりわけそのユニークさを考えようとする契機がなかった。

今回の江戸東京研究の複数のテーマの中に「江戸東京のユニークさ」というテーマが据え

られている。江戸のユニークネスとは何か？　その一端を明確に示しているのが本書だ。それはまず日本橋から遠くを眺めることで分かる、と著者は考えた。むろん、そう考える著者もとてもユニークである。なぜなら、都市全体の構造やその拡大の歴史から入るのではなく、まなざしから入っているからだ。タイモン・スクリーチの江戸文化研究は多岐にわたるが、その基盤にあるのは「視覚」なのである。スクリーチは徹頭徹尾、美術研究者だ。それは美術を研究する者というだけではなく、美術で研究する者、でもある。

読者は日本橋の上に連れて行かれる。そこからは三つのものが見える。建ち並ぶ白いしっくい土蔵、江戸城、そして富士山だ。著者はこの眺望を日本橋の存在理由とする。「まず蔵（豊穣）、そして城（平和）、さらには富士（不老不死）が見渡せ、その向こうには実際には見えないが京の都（太古）、そしてさらには至福の極楽浄土が続いていたのである」と。視覚を通して目に見えるもののもつ象徴性を捉えようとするのが本書の特徴であり、著者の独自性である。

このように、日本橋の西の眺めは、重なり合う「日本」の象徴だが、背中の方を振り返ると、魚河岸、建ち並ぶ蔵、そして江戸橋という「日本橋の裏方」となる。すなわちコマーシャリズムの世界だ。一日千両の金が動く商品は海からやってきて運河を通り、江戸（橋）から日本（橋）を経て、蔵（豊穣）、江戸城（平和）、富士（不老不死）につながる。しかし連続性が問題なのではない。むしろ町人が作る商業の世界と政治的権威を象徴する城や京都の世界は「別の意味を構成」していた、と論ずる。駿河町の二軒の三井越後屋（現在の日本橋三越本店と三井住友信託銀行）は、江戸時代の商業を代表する大店《おおだな》であった。そのあいだから描かれた浮世絵が複数ある。それらには、富士山が見事に大きく見えるが、近くにあるはずの金座は描かれず、富士の手前にあるはずの江戸城は、まったく描かれないか、わずかに石垣のみ描かれただけだった。それが町人世界の視覚だと述べる。浮世絵風景画の世界に、タイモン・スクリーチは単に記録写真のような物理的な視野を発見するのではなく、意識を通した視覚、図像の中に現れる意識を捉える。

江戸を考えるときにもうひとつ重要な観点がある。それは、江戸は京都の見立てである、ということだ。本書においてはそれを風水構造との関係で述べ、同時に、個別建築物の設置で見ている。風水構造で言えば江戸の北東と南西の関係を重要視することである。そしてとりわけ北東に、京都を支えている琵琶湖、琵琶湖を特徴づけている竹生島、比叡山延暦寺、清水寺のそれぞれのコピーを配置した。琵琶湖は不忍池となり、竹生島は弁天堂となり、比叡山延暦寺は東叡山寛永寺（両方とも、延暦年間〔七八二〜八〇六〕、寛永年間〔一六二四〜一六四四〕という、建築時の年号から名づけられている）となり、清水寺は江戸の清水堂となり、三十三間堂も浅草三十三間堂（後に深川に移築）となった。面白いことに著者は上野界隈を、京都の名建築を江戸に移動してきた「文化・技術の展示場」とし、それが現在、上野が文化施設の集積地となった理由としている。まさに、江戸東京の連続性と変化は、このように論じられるべきで、そこにユニークさが浮かび上がってくる。

ところで、京都の見立てとしての江戸、風水に従った都市計画、という点は今までも論じられてきた。日光東照宮と江戸との関係も知られている。しかし著者の独自性は、それらを取りあげながらも、江戸が「きわめて短期間のうちに、さまざまな聖地を獲得することに成功した」と、指摘したことだった。近代の都市計画は、人の移動や動きや居住性を中心にするものだが、江戸の都市計画は、聖地の創造と名所の形成が柱だったのである。

現在、私が博士後期課程で指導している学生のなかに、ロシア人の留学生がいる。彼女は江戸の名所について研究している。名所研究はまず歌枕から入っていくのだが、その時に彼女が困ったのが、名所が無数に増えたことだった。歌枕イコール名所、とはならない。しかも江戸時代における名所は、なぜ名所なのか説明のつかない場所も多い。ではいったい名所とは何なのか？　そこで気づいたのが、日本の首都にはなれない江戸の戦略、という視点である。この視点は、すでにタイモン・スクリーチが本書において気づいていたことだった。その気づきは今、学生による綿密なデータでの検証に移行している。

スクリーチは実に面白い指摘をしている。歌枕として江戸を象徴していた「武蔵野」は「美しくはあるが、荒れ果てかつ空虚で、しかもそこには文化と呼べるものが何もなかった」のである。さらにこう続ける。「この問題は実に深刻だった。しかし、解決策がないわけではなかった」と。その解決策とは何か？　それは富士山であった。

富士山が世界自然遺産の認定を退けられた後、私は文化遺産にするためのプロジェクトに関わっていた。そこには文学、美術、江戸文化の研究者たちが集められ、短期間のうちにありとあらゆる富士山についての表現が集積されたのである。今ではその資料や図版集が出ている。それらは「富士山についての」資料なのだが、本書の視点から見ると、それら富士の表現は江戸の名所創造戦略の一端なのである。事実、江戸を描く浮世絵には富士が頻出し、文学にも異国と対照的な日本のユニークさとして富士が登場する。江戸時代に、富士は日本の独自性とされた。京都から富士は見えない。しかも日本の象徴である。江戸は富士の戦略的使用によって、ようやく京都をしのぐ場所になったのである。

本書の特徴のもうひとつは、江戸が王権のためにのみ構成されたのではなく、絵師や出版界を巻き込んだ庶民の都市として構成されてきたことを明らかにしたことである。第五章の「吉原通いの図像学」で著者は、「浮世絵に関する学術的研究は盛んに行われているが、吉原通いの描写を一括して論じた研究は皆無である」と指摘している。吉原は桃源郷の見立てだ。つまり、誰をも受け入れる。にもかかわらず「隔絶された世界」イメージを演出している。それは、遊女が基本的に金銭によって誰をも受け入れるはずの存在であるにもかかわらず、客を拒み選ぶ天女としてイメージ創造され続けたことと同じ仕組みである。そのような遊女の研究はなされてきたが、吉原を拒絶する空間として考えたのは、本書が初めてであろう。

神田川、隅田川、さまざまな橋や渡しや樹木など、単に風景画と見えるものが実は隔絶された桃源郷への道程として表現されているとしたら、それぞれの風景は物語性を帯びる。来し方行く末を想像し、ひとりひとりの恋の物語が成立する。文学ではなく浮世絵版画や絵画によって、つまり図像によって、江戸の人びとがそこに物語を読むとしたら、文学と美術を切り離すことはできなくなる。

江戸学はジャンルごとの学としてではなく、あらゆる文化が融合し総合する場として研究され、語られねばならない。そのことに気づかせてくれたのは、イギリス人、タイモン・スクリーチだった。江戸学はいっそう、世界に開かれたものになるだろう。

（法政大学総長）

*本書の原本は、二〇〇七年に講談社より刊行されました。

タイモン・スクリーチ
1961年生まれ。オックスフォード大学卒業。ハーヴァード大学大学院美術史学博士号取得。現在，ロンドン大学教授。専門は，日本美術史，江戸文化論。『春画』『江戸の身体を開く』『大江戸視覚革命』『定信お見通し』など著書多数。

森下正昭（もりした　まさあき）
1966年生まれ。上智大学大学院修士課程修了（英文学）。ロンドン大学，ノッティンガム大学に学ぶ。博士号取得（社会学）。現在立命館アジア太平洋大学国際経営学部准教授。

講談社学術文庫

定価はカバーに表示してあります。

江戸《えど》の大普請《おおぶしん》
徳川《とくがわ》都《と》市《し》計画《けいかく》の詩学《しがく》

タイモン・スクリーチ
森下正昭《もりしたまさあき》 訳

2017年9月11日　第1刷発行

発行者　鈴木　哲
発行所　株式会社講談社
東京都文京区音羽2-12-21 〒112-8001
電話　編集（03）5395-3512
販売（03）5395-4415
業務（03）5395-3615
装　幀　蟹江征治
印　刷　株式会社廣済堂
製　本　株式会社国宝社
本文データ制作　講談社デジタル製作

ISBN978-4-06-292446-7

#「講談社学術文庫」の刊行に当たって

これは、学術をポケットに入れることをモットーとして生まれた文庫である。学術は少年の心を養い、成年の心を満たす。その学術がポケットにはいる形で、万人のものになることは、生涯教育をうたう現代の理想である。

こうした考え方は、学術を巨大な城のように見る世間の常識に反するかもしれない。また、一部の人たちからは、学術の権威をおとすものと非難されるかもしれない。しかし、それはいずれも学術の新しい在り方を解しないものといわざるをえない。

学術は、まず魔術への挑戦から始まった。やがて、いわゆる常識をつぎつぎに改めていった。学術の権威は、幾百年、幾千年にわたる、苦しい戦いの成果である。こうしてきずきあげられた城が、一見して近づきがたいものにうつるのは、そのためである。しかし、学術の権威を、その形の上だけで判断してはならない。その生成のあとをかえりみれば、その根は常に人々の生活の中にあった。学術が大きな力たりうるのはそのためであって、生活をはなれた学術は、どこにもない。

開かれた社会といわれる現代にとって、これはまったく自明である。生活と学術との間に、もし距離があるとすれば、何をおいてもこれを埋めねばならない。もしこの距離が形の上の迷信からきているとすれば、その迷信をうち破らねばならぬ。

学術文庫は、内外の迷信を打破し、学術のために新しい天地をひらく意図をもって生まれた。文庫という小さい形と、学術という壮大な城とが、完全に両立するためには、なおいくらかの時を必要とするであろう。しかし、学術をポケットにした社会が、人間の生活にとってより豊かな社会であることは、たしかである。そうした社会の実現のために、文庫の世界に新しいジャンルを加えることができれば幸いである。

一九七六年六月

野間省一